VIKTOR E. FRANKL

EL HOMBRE EN BUSCA DE SENTIDO

Con un prefacio de Gordon W. Allport

Titulo Original: Man's Search for Meaning
Traducción: Nicole Gobrin

© Copyright 2006 por BN Publishing
Fax: 1 (815)6428329

Contacto: info@bnpublishing.com
www.bnpublishing.com

Diseño Portada: Petru Neuman

ÍNDICE

PREFACIO

El Dr. Frankl, psiquiatra y escritor, suele preguntar a sus pacientes aquejados de múltiples padecimientos, más o menos importantes: "¿Por qué no se suicida usted?" Y muchas veces, de las respuestas extrae una orientación para la psicoterapia a aplicar: a éste, lo que le ata a la vida son los hijos; al otro, un talento, una habilidad sin explotar; a un tercero, quizás, sólo unos cuantos recuerdos que merece la pena rescatar del olvido. Tejer estas tenues hebras de vidas rotas en una urdimbre firme, coherente, significativa y responsable es el objeto con que se enfrenta la *logoterapia,* que es la versión original del Dr. Frankl del moderno *análisis existencial.*

En esta obra, el Dr. Frankl explica la experiencia que le llevó al descubrimiento de la logoterapia. Prisionero, durante mucho tiempo, en los bestiales campos de concentración, él mismo sintió en su propio ser lo que significaba una existencia desnuda. Sus padres, su hermano, incluso su esposa, murieron en los campos de concentración o fueron enviados a las cámaras de gas, de tal suerte que, salvo una hermana, todos perecieron. ¿Cómo pudo él —que todo lo había perdido, que había visto destruir todo lo que valía la pena, que padeció hambre, frío, brutalidades sin fin, que tantas veces estuvo a punto del exterminio—, cómo pudo aceptar que la vida fuera digna de vivirla? El psiquiatra que personalmente ha tenido que enfrentarse a tales rigores merece que se le escuche, pues nadie como él para juzgar nuestra condición humana sabia y compasivamente. Las palabras del Dr. Frankl tienen un tono profundamente honesto, pues se basan en experiencias demasiado hondas para ser falsas. Dado el cargo que hoy ocupa en la

Facultad de Medicina de Viena y el renombre que han alcanzado las clínicas de logoterapia que actualmente van desarrollándose en los distintos países tomando como modelo su famosa Policlínica Neurológica de Viena, lo que el Dr. Frankl tiene que decir adquiere todavía mayor prestigio.

Es difícil no caer en la tentación de comparar la forma que el Dr. Frankl tiene de enfocar la teoría y la terapia con la obra de su predecesor, Sigmund Freud. Ambos doctores se aplican primordialmente a estudiar la naturaleza y cura de las neurosis. Para Freud, la raíz de esta angustiosa enfermedad está en la ansiedad que se fundamenta en motivos conflictivos e inconscientes. Frankl diferencia varias formas de neurosis y descubre el origen de algunas de ellas (la neurosis noógena) en la incapacidad del paciente para encontrar significación y sentido de responsabilidad en la propia existencia. Freud pone de relieve la frustración de la vida sexual; para Frankl la frustración está en la *voluntad intencional.* Se da en la Europa actual una marcada tendencia a alejarse de Freud y una aceptación muy extendida del análisis existencial, que toma distintas formas más o menos afines, siendo una de ellas la escuela de logoterapia. Es característico del abierto talante de Frankl el no repudiar a Freud, antes bien construye sobre sus aportaciones; tampoco se enfrenta a las demás modalidades de la terapia existencial, sino que celebra gustoso su parentesco con ellas.

El presente relato, aun siendo breve, está elaborado con arte y garra. Yo lo he leído dos veces de un tirón, incapaz de desprenderme de su hechizo. En alguna parte, hacia la mitad del libro, Frankl presenta su propia filosofía de la logoterapia: lo hace como sin solución de continuidad y tan quedamente que sólo cuando ha terminado el libro el lector se percata de que está ante un ensayo profundo y no ante un relato más, forzosamente, sobre campos de concentración.

Es mucho lo que el lector aprende de este fragmento autobiográfico: aprende lo que hace un ser humano cuando, de pronto, se da cuenta de que no tiene "nada que perder excepto su ridícula vida desnuda". La descripción que hace Frankl de la mezcla de emociones y apatía que se agolpan en la mente es impresionante. Lo primero que acude en nuestro auxilio es una curiosidad, fría y despegada, por nuestro propio destino. A continuación, y con toda rapidez, se urden las estrategias para salvar lo que resta de vida, aun cuando las oportunidades de sobrevivir sean mínimas. El hambre, la humillación y la sorda cólera ante la injusticia se hacen tolerables a través de las imágenes entrañables de las personas amadas, de la religión, de un tenaz sentido del humor, e incluso de un vislumbrar la belleza estimulante de la naturaleza: un árbol, una puesta de sol.

Pero estos momentos de alivio no determinan la voluntad de vivir, si es que no contribuyen a aumentar en el prisionero la noción de lo insensato de su sufrimiento. Y es en este punto donde encontramos el tema central del existencialismo: vivir es sufrir; sobrevivir es hallarle sentido al sufrimiento. Si la vida tiene algún objeto, éste no puede ser otro que el de sufrir y morir. Pero nadie puede decirle a nadie en qué consiste este objeto: cada uno debe hallarlo por sí mismo y aceptar la responsabilidad que su respuesta le dicta. Si triunfa en el empeño, seguirá desarrollándose a pesar de todas las indignidades. Frankl gusta de citar a Nietzsche: "Quien tiene un *porqué* para vivir, encontrará casi siempre el *cómo*".

En el campo de concentración, todas las circunstancias conspiran para conseguir que el prisionero pierda sus asideros. Todas las metas de la vida familiar han sido arrancadas de cuajo, lo único que resta es "la última de las libertades humanas", la capacidad de "elegir la actitud personal ante un conjunto de circunstancias". Esta última libertad, admitida tanto por los antiguos estoicos como por los modernos existencialistas, adquiere una vívida significación en el relato de Frankl. Los prisioneros no eran más que hombres normales y corrientes, pero algunos de ellos al elegir ser "dignos de su sufrimiento" atestiguan la capacidad humana para elevarse por encima de su aparente destino.

Como psicoterapeuta que es, el autor quiere saber cómo se puede ayudar al hombre a alcanzar esta capacidad, tan diferenciadoramente humana, por otra parte. ¿Cómo puede uno despertar en un paciente el sentimiento de que tiene la responsabilidad de vivir, por muy adversas que se presenten las circunstancias? Frankl nos da cumplida cuenta de una sesión de terapia colectiva que mantuvo con sus compañeros de prisión.

A petición del editor, el Dr. Frankl ha añadido a su autobiografía una breve pero explícita exposición de los principios básicos de la logoterapia. Hasta ahora casi todas las publicaciones de esta "tercera escuela vienesa de psicoterapia" (son sus predecesoras las escuelas de

Freud y Adler) se han editado preferentemente en alemán, de modo que el lector acogerá con agrado este suplemento del Dr. Frankl a su relato personal.

A diferencia de otros existencialistas europeos, Frankl no es ni pesimista ni antirreligioso; antes al contrario, para ser un autor que se enfrenta de lleno a la omnipresencia del sufrimiento y a las fuerzas del mal, adopta un punto de vista sorprendentemente esperanzador sobre la capacidad humana de trascender sus dificultades y descubrir la verdad conveniente y orientadora.

Recomiendo calurosamente esta pequeña obrita, por ser una joya de la narrativa dramática centrada en torno al más profundo de los problemas humanos. Su mérito es tanto literario como filosófico y ofrece una precisa introducción al movimiento psicológico más importante de nuestro tiempo.

GORDON W. ALLPORT

Gordon W. Allport, antiguo profesor de psicología de la Universidad de Harvard, fue uno de los escritores y docentes más prestigiosos de los Estados Unidos. Publicó numerosas obras originales sobre psicología y fue director del *Journal of Abnormal and Social Psychology*. Precisamente a través de la labor pionera del profesor Allport la trascendental teoría del Dr. Frankl se ha introducido en aquel país; más aún, el interés que ha despertado la logoterapia ha crecido a pasos agigantados debido en parte a su reputación.

PARTE PRIMERA

UN PSICÓLOGO EN UN CAMPO DE CONCENTRACIÓN

"Un psicólogo en un campo de concentración". No se trata, por lo tanto, de un relato de hechos y sucesos, sino de experiencias personales, experiencias que millones de seres humanos han sufrido una y otra vez. Es la historia íntima de un campo de concentración contada por uno de sus supervivientes. No se ocupa de los grandes horrores que ya han sido suficiente y prolijamente descritos (aunque no siempre y no todos los hayan creído), sino que cuenta esa otra multitud de pequeños tormentos. En otras palabras, pretende dar respuesta a la siguiente pregunta: ¿Cómo incidía la vida diaria de un campo de concentración en la mente del prisionero medio?

Muchos de los sucesos que aquí se describen no tuvieron lugar en los grandes y famosos campos, sino en los más pequeños, que es donde se produjo la mayor experiencia del exterminio. Tampoco es un libro sobre el sufrimiento y la muerte de grandes héroes y mártires, ni sobre los preeminentes "capos" —prisioneros que actuaban como especie de administradores y tenían privilegios especiales— o los prisioneros de renombre. Es decir, no se refiere tanto a los sufrimientos de los poderosos, cuanto a los sacrificios, crucifixión y muerte de la gran legión de víctimas desconocidas y olvidadas, pues era a estos prisioneros normales y corrientes, que no llevaban ninguna marca distintiva en sus mangas, a quienes los "capos" realmente despreciaban. Mientras estos prisioneros comunes tenían muy poco o nada que llevarse a la boca, los "capos" no padecían nunca hambre; de hecho, muchos de estos "capos" lo pasaron mucho mejor en los campos que en toda su vida, y muy a menudo eran más duros con los prisioneros que los propios guardias, y les golpeaban con mayor crueldad que los hombres de las SS. Claro está que los "capos" se elegían de entre aquellos prisioneros cuyo carácter hacía suponer que serían los indicados para tales procedimientos, y si no cumplían con lo que se esperaba de ellos, inmediatamente se les degradaba. Pronto se fueron pareciendo tanto a los miembros de las SS y a los guardianes de los campos que se les podría juzgar desde una perspectiva psicológica similar.

Selección activa y pasiva

Es muy fácil para el que no ha estado nunca en un campo de concentración hacerse una idea equivocada de la vida en él, idea en la que piedad y simpatía aparecen mezcladas, sobre todo al no conocer prácticamente nada de la dura lucha por la existencia que precisamente en los campos más pequeños se libraba entre los prisioneros, del combate inexorable por el pan de cada día y por la propia vida, por el bien de uno mismo y por la propia vida, por el bien de uno mismo y por el de un buen amigo. Pongamos como ejemplo las veces en que oficialmente se anunciaba que se iba a trasladar a unos cuantos prisioneros a un campo de concentración, pero no era muy difícil adivinar que el destino final de todos ellos sería sin duda la cámara de gas. Se seleccionaba a los más enfermos o agotados, incapaces de trabajar, y se les enviaba a alguno de los campos centrales equipados con cámaras de gas y crematorios. El proceso de selección era la señal para una abierta lucha entre los compañeros o entre un grupo contra otro. Lo único que importaba es que el nombre de uno o el del amigo fuera tachado de la lista de las víctimas aunque todos sabían que por cada hombre que se salvaba se condenaba a otro. En cada traslado tenía que haber un número determinado de pasajeros, quien fuera no importaba tanto, puesto que cada uno de ellos no era más que un número y así era como constaban en las listas. Al entrar en el campo se les quitaban todos los documentos y objetos personales (al menos ése era el método seguido en Auschwitz), por consiguiente cada prisionero tenía la oportunidad de adoptar un nombre o una profesión falsos y lo cierto es que por varias razones muchos lo hacían. A las autoridades lo único que les importaba eran los números de los prisioneros; muchas veces estos números se tatuaban en la piel y, además, había que llevarlos cosidos en determinada parte de los pantalones, de la chaqueta o del abrigo. A ningún guardián que quisiera llevar una queja sobre un prisionero —casi siempre por "pereza"— se le hubiera ocurrido nunca preguntarle su nombre; no tenía más que echar una ojeada al número (¡y cómo temíamos esas miradas por las posibles consecuencias!) y anotarlo en su libreta.

Volvamos al convoy a punto de partir. No había tiempo para consideraciones morales o éticas, ni tampoco el deseo de hacerlas. Un solo pensamiento animaba a los prisioneros: mantenerse con vida para volver con la familia que los esperaba en casa y salvar a sus amigos; por consiguiente, no dudaban ni un momento en arreglar las cosas para que otro prisionero, otro "número", ocupara su puesto en la expedición.

De lo expuesto hasta ahora se desprende que el proceso para seleccionar a los "capos" era de tipo negativo; para este trabajo se elegía únicamente a los más brutales (aunque había algunas felices excepciones). Además de la selección de los "capos", que corría a cargo de las SS y que era de tipo activo, se daba una especie de proceso continuado de autoselección pasiva entre todos los prisioneros. Por lo general, sólo se mantenían vivos aquellos prisioneros que tras varios años de dar tumbos de campo en campo, habían perdido todos sus escrúpulos en la lucha por la existencia; los que estaban dispuestos a recurrir a cualquier medio, fuera honrado o de otro tipo, incluidos la fuerza bruta, el robo, la traición o lo que fuera con tal de salvarse. Los que hemos vuelto de allí gracias a multitud de casualidades fortuitas o milagros —como cada cual prefiera llamarlos— lo sabemos bien: *los mejores de entre nosotros no regresaron.*

El informe del prisionero n.º 119.104: ensayo psicológico

Este relato trata de mis experiencias como prisionero común, pues es importante que diga, no sin orgullo, que yo no estuve trabajando en el campo como psiquiatra, ni siquiera como médico, excepto en las últimas semanas. Unos pocos de mis colegas fueron lo bastante afortunados como para estar empleados en los rudimentarios puestos de primeros auxilios aplicando vendajes hechos de tiras de papel de desecho. Yo era un prisionero más, el número 119.104, y la mayor parte del tiempo estuve cavando y tendiendo traviesas para el ferrocarril. En una ocasión mi trabajo consistió en cavar un túnel, sin ayuda, para colocar una cañería bajo una carretera. Este hecho no quedó sin recompensa, y así justamente antes de las Navidades de 1944 me encontré con el regalo de los llamados "cupones de premio", de parte de la empresa constructora a la que prácticamente habíamos sido vendidos como esclavos: la empresa pagaba a las autoridades del campo un precio fijo por día y prisionero. Los cupones costaban a la empresa 50 Pfenning cada uno y podían canjearse por seis cigarrillos, muchas veces varias semanas después, si bien a menudo perdían su validez. Me convertí así en el orgulloso propietario de dos cupones por valor de doce cigarrillos, aunque lo más importante era que los cigarrillos se podían cambiar por doce raciones de sopa y esta sopa podía ser un verdadero respiro frente a la inanición durante dos semanas. El privilegio de fumar cigarrillos le estaba reservado a los "capos", que tenían asegurada su cuota semanal de cupones; o quizás al prisionero que trabajaba como capataz en un almacén o en un taller y recibía cigarrillos a cambio de realizar tareas peligrosas. Las únicas excepciones eran las de aquellos que habían perdido la voluntad de vivir y querían "disfrutar" de sus últimos días. De modo que cuando veíamos a un camarada fumar sus propios cigarrillos en vez de cambiarlos por alimentos, ya sabíamos que había renunciado a confiar en su fuerza para seguir adelante y que, una vez perdida la voluntad de vivir, rara vez se recobraba.

Lo que realmente importa ahora es determinar el verdadero sentido de esta empresa. Muchos recuentos y datos sobre los campos de concentración ya están en los archivos. En esta ocasión, los hechos se considerarán significativos en cuanto formen parte de la experiencia humana. Lo que este ensayo intenta describir es la naturaleza exacta de dichas experiencias; para los que estuvieron internados en aquellos campos se trata de explicar estas experiencias a la luz de los actuales conocimientos y a los que nunca estuvieron dentro puede ayudarles a aprehender y, sobre todo a entender, las experiencias por las que atravesaron ese porcentaje excesivamente reducido de los prisioneros supervivientes y su peculiar y, desde el punto de vista de la psicología, totalmente nueva actitud frente a la vida. Estos antiguos prisioneros suelen decir: "No nos gusta hablar de nuestras experiencias. Los que estuvieron dentro no necesitan de estas explicaciones y los demás no entenderían ni cómo nos sentimos entonces ni cómo nos sentimos ahora."

Es difícil intentar una presentación metódica del tema, ya que la psicología exige un cierto distanciamiento científico. ¿Pero es que el hombre que hace sus observaciones mientras está prisionero puede tener ese distanciamiento necesario? Sólo los que son ajenos al caso pueden garantizarlo, pero es mucha su lejanía para que lo que puedan decir sea realmente válido. Únicamente el que ha estado dentro sabe lo que pasó, aunque sus juicios tal vez no sean del todo objetivos y sus estimaciones sean quizá desproporcionadas al faltarle ese distanciamiento. Es preciso hacer lo imposible para no caer en la parcialidad personal, y ésta es la gran dificultad que encierra este tipo de obras: a veces se hará necesario tener valor para contar experiencias muy íntimas. El auténtico peligro de un ensayo psicológico de este tipo no estriba en la posibilidad de que reciba un tono personal, sino en que reciba un tinte tendencioso.

Dejaré a otros la tarea de decantar hasta la impersonalidad los contenidos de este libro al objeto de obtener teorías objetivas a partir de experiencias subjetivas, que puedan suponer una aportación a la psicología o psicopatología de la vida en cautiverio, investigada después de la primera guerra mundial, y que nos hizo conocer el síndrome de la "enfermedad de la alambrada de púas". Debemos a la segunda guerra mundial el haber enriquecido nuestros conocimientos sobre la "psicopatología de las masas" (si puedo citar esta variante de la conocida frase que es el título de un libro de LeBon), al regalarnos la guerra de nervios y la vivencia única e inolvidable de los campos de concentración.

Llegado a este punto desearía hacer una observación. En un principio traté de escribir este libro de manera anónima, utilizando tan solo mi número de prisionero. A ello me impulsó mi aversión al exhibicionismo. Una vez terminado el manuscrito comprendí que el anonimato le haría perder la mitad de su valor, ya que la valentía de la confesión eleva el valor de los hechos. Decidí expresar mis convicciones con franqueza, y por esta razón me abstuve de suprimir algunos de los pasajes, venciendo incluso mi desagrado hacia el exhibicionismo.

PRIMERA FASE: INTERNAMIENTO EN EL CAMPO

Al examinar e intentar ordenar la gran cantidad de material recogido como resultado de las numerosas observaciones y experiencias de los prisioneros, cabe distinguir tres fases en las reacciones mentales de los internados en un campo de concentración: la fase que sigue a su internamiento, la fase de la auténtica vida en el campo y la fase siguiente a su liberación.

Estación Auschwitz

El síntoma que caracteriza la primera fase es el *shock*. Bajo ciertas condiciones el *shock* puede incluso preceder a la admisión formal del prisionero en el campo. Ofreceré, como ejemplo, las circunstancias de mi propio internamiento.

Unas 1500 personas estuvimos viajando en tren varios días con sus correspondientes noches; en cada vagón éramos unos 80. Todos teníamos que tendernos encima de nuestro equipaje, lo poco que nos quedaba de nuestras pertenencias. Los coches estaban tan abarrotados que sólo quedaba libre la parte superior de las ventanillas por donde pasaba la claridad gris del amanecer. Todos creíamos que el tren se encaminaba hacia una fábrica de municiones en donde nos emplearían como fuerza salarial. No sabíamos dónde nos encontrábamos ni si todavía estábamos en Silesia o ya habíamos entrado en Polonia. El silbato de la locomotora tenía un sonido misterioso, como si enviara un grito de socorro en conmiseración del desdichado cargamento que iba destinado a la perdición. Entonces el tren hizo una maniobra, nos acercábamos sin duda a una estación principal. Y, de pronto, un grito se escapó de los angustiados pasajeros: "¡Hay una señal, Auschwitz!" Su solo nombre evocaba todo lo que hay de horrible en el mundo: cámaras de gas, hornos crematorios, matanzas indiscriminadas. El tren avanzaba muy despacio, se diría que estaba indeciso, como si quisiera evitar a sus pasajeros, cuanto fuera posible, la atroz constatación: ¡Auschwitz! A medida que iba amaneciendo se hacían visibles los perfiles de un inmenso campo: la larga extensión de la cerca de varias hileras de alambrada espinosa; las torres de observación; los focos y las interminables columnas de harapientas figuras humanas, pardas a la luz grisácea del amanecer, arrastrándose por los desolados campos hacia un destino desconocido. Se oían voces aisladas y silbatos de mando, pero no sabíamos lo que querían decir. Mi imaginación me llevaba a ver horcas con gente colgando de ellas. Me estremecí de horror, pero no andaba muy desencaminado, ya que paso a paso nos fuimos acostumbrando a un horror inmenso y terrible.

A su debido tiempo entramos en la estación. El silencio inicial fue interrumpido por voces de mando: a partir de entonces íbamos a escuchar aquellas voces ásperas y chillonas una y otra vez, en todos los campos. Sonaban igual que el último grito de una víctima, y sin embargo había cierta diferencia: eran roncas, cortantes, como si vinieran de la garganta de un hombre que tuviera que estar gritando así sin parar, un hombre al que asesinaran una y otra vez... Las portezuelas del vagón se abrieron de golpe y un pequeño destacamento de prisioneros entró alborotando. Llevaban uniformes rayados, tenían la cabeza afeitada, pero parecían bien alimentados. Hablaban en todas las lenguas europeas imaginables y todos parecían conservar cierto humor, que bajo tales circunstancias sonaba grotesco. Como el hombre que se ahoga y se agarra a una paja, mi innato optimismo (que tantas veces me había ayudado a controlar mis sentimientos aun en las situaciones más desesperadas) se aferró a este pensamiento: los prisioneros tienen buen aspecto, parecen estar de buen humor, incluso se ríen, ¿quién sabe? Tal vez consiga compartir su favorable posición.

Hay en psiquiatría un estado de ánimo que se conoce como la "ilusión del indulto", según el cual el condenado a muerte, en el instante antes de su ejecución, concibe la ilusión de que le indultarán en el último segundo. También nosotros nos agarrábamos a los jirones de esperanza y hasta el último momento creímos que no todo sería tan malo. La sola vista de las mejillas sonrosadas y los rostros redondos de aquellos prisioneros resultaba un gran estímulo. Poco sabíamos entonces que componían un grupo especialmente seleccionado que durante años habían sido el comité de recepción de las nuevas expediciones de prisioneros que llegaban a la estación un día tras otro. Se hicieron cargo de los recién llegados y de su equipaje, incluidos los escasos objetos personales y las alhajas de contrabando. Auschwitz debe haber sido un extraño lugar en aquella Europa de los últimos años de la guerra, un lugar repleto de tesoros inmensos en oro y plata, platino y diamantes, depositados en sus enormes almacenes, sin contar los que estaban en manos de las SS.

A la espera de trasladarlos a otros campos más pequeños, metieron a 1100 prisioneros en un barraca construida para albergar probablemente a unas doscientas personas como máximo. Teníamos hambre y frío y no había espacio suficiente ni para sentarnos en cuclillas en el suelo desnudo, no digamos ya para tendernos. Durante cuatro días, nuestro único alimento consistió en un trozo de pan de unos 150 gramos. Pero yo oí a los prisioneros más antiguos que estaban a cargo de la barraca regatear, con uno de los componentes del comité de recepción, por un alfiler de corbata de platino y diamantes. Al final, la mayor parte de las ganancias se convertían en tragos de aguardiente. No me acuerdo ya de cuántos miles de marcos se necesitaban para comprar la cantidad de Schnaps necesaria para pasar una "tarde alegre", pero sí sé que los prisioneros veteranos necesitaban esos tragos. ¿Quién podría culparles de tratar de drogarse bajo tales circunstancias? Había otro grupo de prisioneros que conseguían aguardiente de las SS casi sin limitación alguna: eran los hombres que trabajaban en las cámaras de gas y en los crematorios y que sabían muy bien que cualquier día serían relevados por otra remesa y tendrían que dejar su obligado papel de ejecutores para convertirse en víctimas.

La primera selección

Creo que todos los que formaban parte de nuestra expedición vivían con la ilusión de que seríamos liberados, de que, al final, todo iba a salir muy bien. No nos dábamos cuenta del significado que encerraba la escena que expongo a continuación. Hasta la tarde no comprendimos su sentido. Nos dijeron que dejáramos nuestro equipaje en el tren y que formáramos dos filas, una de mujeres y otra de hombres, y que desfiláramos ante un oficial de las SS. Por sorprendente que parezca, tuve el valor de esconder mi macuto debajo del abrigo. Uno a uno, los hombres pasamos ante el oficial. Me daba cuenta del peligro que corría si el oficial localizaba mi saco. Lo menos que haría sería derribarme al suelo de una bofetada; lo sabía por propia experiencia. Instintivamente, al irme aproximando a él me enderecé de modo que no se diera cuenta de mi pesada carga. Ahora lo tenía frente a frente. Era un hombre alto y delgado y llevaba un uniforme impecable que le sentaba perfectamente. ¡Qué contraste con nosotros, todos sucios y mugrientos después de tan largo viaje! Había adoptado una actitud de aparente descuido sujetándose el codo derecho con la mano izquierda. Ninguno de nosotros tenía la más remota idea del siniestro significado que se ocultaba tras aquel pequeño movimiento de su dedo que señalaba unas veces a la izquierda y otras a la derecha, pero sobre todo a la derecha.

Tocaba mi turno. Alguien me susurró que si nos enviaban a la derecha ("desde el punto de vista del espectador") significaba trabajos forzados, mientras que la dirección a la izquierda era para los enfermos e incapaces de trabajar, a quienes enviaban a otro campo. No podía hacer otra cosa que dejar que las cosas siguieran su curso, como así sería a partir de entonces muchas veces más. El macuto me pesaba y me obligaba a ladearme hacia la izquierda, pero hice un esfuerzo para caminar erguido. El hombre de las SS me miró de arriba abajo y pareció dudar; después puso sus dos manos sobre mis hombros. Intenté con todas mis fuerzas parecer distinguido: me hizo girar hasta que quedé frente al lado derecho y seguí andando en aquella dirección.

Por la tarde nos explicaron la significación del juego del dedo. Se trataba de la primera selección, el primer veredicto sobre nuestra existencia o no existencia. Para la gran mayoría de aquella expedición, cerca de un 90%, significó la muerte; la sentencia se ejecutó en las horas siguientes. Los que fueron enviados hacia la izquierda marcharon directamente desde la estación al crematorio. Dicho edificio, según me contó un prisionero que trabajaba allí, tenía escrito sobre sus puertas en varios idiomas europeos, la palabra "baño". Al entrar, a cada prisionero se le entregaba una pastilla de jabón y después..., pero gracias a Dios no necesito relatar lo que sucedía después. Muchos han escrito ya sobre tanto horror. Los que nos habíamos salvado, la minoría de nuestra expedición, supo aquella tarde la verdad. Pregunté a los prisioneros que llevaban allí algún tiempo a dónde podrían haber enviado a mi amigo y colega P.

"¿Lo mandaron hacia la izquierda?"

"Sí", repliqué.

"Entonces puede verle allí", me dijeron.

"¿Dónde?" La mano señalaba la chimenea que había a unos cuantos cientos de yardas y que arrojaba al cielo gris de Polonia una llamarada de fuego que se disolvía en una siniestra nube de humo.

"Allí es donde está su amigo, elevándose hacia el cielo", fue su respuesta. Pero entonces todavía no comprendía lo que quería decir hasta que me revelaron la verdad con toda su crudeza.

Pero me estoy adelantando al contar las cosas. Desde un punto de vista psicológico, teníamos un largo, muy largo, camino por delante desde que pusimos el pie en la estación hasta nuestra primera noche en el campo. Escoltados por los guardias de las SS que iban cargados con pesados fusiles, nos hicieron recorrer a paso ligero el camino que desde la estación atravesaba la alambrada electrificada y el campo, hasta llegar al pabellón de desinfección; para aquellos de nosotros que habíamos pasado la primera selección, fue un auténtico baño. Una vez más se vio confirmada nuestra ilusión de salvarnos. Los hombres de las SS parecían casi casi encantadores. Pronto supimos por qué: eran amables con nosotros mientras teníamos nuestros relojes de pulsera y nos podían persuadir, en todos los tonos y maneras, para que se los entregáramos. ¿Acaso no habíamos perdido ya todo lo que poseíamos? ¿Por qué no habíamos de dar nuestro reloj a aquellas personas relativamente agradables? Tal vez algún día nos lo devolverían con creces.

Desinfección

Esperamos en un cobertizo que parecía ser la antesala de la cámara de desinfección. Los hombres de las SS aparecieron y extendieron unas mantas sobre las que teníamos que echar todo lo que llevábamos encima: relojes y joyas. Todavía había entre nosotros unos cuantos ingenuos que preguntaron, para regocijo de los más avezados que actuaban de ayudantes, si no podían conservar su anillo de casados, una medalla o algún amuleto de oro. Nadie podía aceptar todavía el hecho de que todo, absolutamente todo, se lo llevarían. Intenté ganarme la confianza de uno de los prisioneros de más edad. Acercándome a él furtivamente, señalé el rollo de papel en el bolsillo interior de mi chaqueta y dije: "Mira, es el manuscrito de un libro científico. Ya sé lo que vas a decir: que debo estar agradecido de salvar la vida, que eso es todo cuanto puedo esperar del destino. Pero no puedo evitarlo, tengo que conservar este manuscrito a toda costa: contiene la obra de mi vida. ¿Comprendes lo que quiero decir?" Sí, empezaba a comprender. Lentamente, en su rostro se fue dibujando una mueca, primero de piedad, luego se mostró divertido, burlón, insultante, hasta que rugió una palabra en respuesta a mi pregunta, una palabra que siempre estaba presente en el vocabulario de los internados en el campo: "¡Mierda!" Y en ese momento toda la verdad se hizo patente ante mí e hice lo que constituyó el punto culminante de la primera fase de mi reacción psicológica: borré de mi conciencia toda vida anterior.

De pronto se produjo cierto revuelo entre mis compañeros de viaje, que hasta ese momento permanecían de pie con los rostros pálidos, asustados, debatiéndose sin esperanza. Otra vez oíamos gritar, dando órdenes, a aquellas voces roncas. A empujones, nos condujeron a la antesala inmediata a los baños. Allí nos agrupamos en torno a un hombre de las SS que esperó hasta que todos hubimos llegado. Entonces dijo: "Os daré dos minutos y mediré el tiempo por mi reloj. En estos dos minutos os desnudaréis por completo y dejaréis en el suelo, junto a vosotros, todas vuestras ropas. No podéis llevar nada con vosotros a excepción de los zapatos, el cinturón, las gafas y, en todo caso, el braguero. Empiezo a contar: ¡ahora!"

Con una rapidez impensable, la gente se fue desnudando. Según pasaba el tiempo, cada vez se ponían más nerviosos y tiraban torpemente de su ropa interior, sin acertar con los cinturones ni con los cordones de los zapatos. Fue entonces cuando oímos los primeros restallidos del látigo; las correas de cuero azotaron los cuerpos desnudos. A continuación nos empujaron a otra habitación para afeitarnos: no se conformaron solamente con rasurar nuestras cabezas, sino que no dejaron ni un solo pelo en nuestros cuerpos. Seguidamente pasamos a las duchas, donde nos volvieron a alinear. A duras penas nos reconocimos; pero, con gran alivio, algunos constataban que de las duchas salía agua de verdad...

Nuestra única posesión: la existencia desnuda

Mientras esperábamos a ducharnos, nuestra desnudez se nos hizo patente: nada teníamos ya salvo nuestros cuerpos mondos y lirondos (incluso sin pelo); literalmente hablando, lo único que poseíamos era nuestra *existencia desnuda*. ¿Qué otra cosa nos quedaba que pudiera ser un nexo material con nuestra existencia anterior? Por lo que a mí se refiere, tenía mis gafas y mi cinturón, que posteriormente hube de cambiar por un pedazo de pan. A los que tenían braguero les estaba reservada todavía una pequeña sorpresa más. Por la tarde, el prisionero veterano que estaba a cargo de nuestro barracón nos dio la bienvenida con un discursito en el que nos aseguró bajo su palabra de honor que, personalmente, colgaría "de aquella viga" —y señaló hacia ella— a cualquiera que hubiera cosido dinero o piedras preciosas a su braguero. Y orgullosamente explicó que, como veterano que era, las leyes del campo le daban derecho a hacerlo.

Con los zapatos hubo también sus más y sus menos. Aunque se suponía que los conservaríamos, los que poseían un par medio decente tuvieron que entregarlos y, a cambio, les dieron otros zapatos que no les servían. Pero los que estaban en verdadera dificultad eran los prisioneros que habían seguido el consejo aparentemente bien intencionado que les dieron (en la antesala) los prisioneros veteranos y habían cortado las botas altas y untado después jabón en los bordes para ocultar el sabotaje. Los hombres de las SS parecían estar esperándolo. Todos los sospechosos de tal delito pasaron a una pequeña habitación contigua. Al cabo de un rato volvimos a oír los azotes del látigo y los gritos de los hombres torturados. Esta vez el castigo duró bastante tiempo.

Las primeras reacciones

Las ilusiones que algunos de nosotros conservábamos todavía las fuimos perdiendo una a una; entonces, casi inesperadamente, muchos

25

de nosotros nos sentimos embargados por un humor macabro. Supimos que nada teníamos que perder como no fueran nuestras vidas tan ridículamente desnudas. Cuando las duchas empezaron a correr, hicimos de tripas corazón e intentamos bromear sobre nosotros mismos y entre nosotros. ¡Después de todo sobre nuestras espaldas caía agua de verdad!...

Aparte de aquella extraña clase de humor, otra sensación se apoderó de nosotros: la curiosidad. Yo había experimentado ya antes este tipo de curiosidad como reacción fundamental ante ciertas circunstancias extrañas. Cuando en una ocasión estuve a punto de perder la vida en un accidente de montañismo, en el momento crítico, durante segundos (o tal vez milésimas de segundo) sólo tuve una sensación: curiosidad, curiosidad sobre si saldría con vida o con el cráneo fracturado o cualquier otro percance.

Una fría curiosidad era lo que predominaba incluso en Auschwitz, algo que separaba la mente de todo lo que la rodeaba y la obligaba a contemplarlo todo con una especie de objetividad. Al llegar a este punto, cultivábamos este estado de ánimo como medida de protección. Estábamos ansiosos por saber lo que sucedería a continuación y qué consecuencias nos traería, por ejemplo, estar de pie a la intemperie, en el frío de finales de otoño, completamente desnudos y todavía mojados por el agua de la ducha. A los pocos días nuestra curiosidad se tornó en sorpresa, la sorpresa de ver que no nos habíamos resfriado.

A los recién llegados nos estaban reservadas todavía muchas sorpresas de este tipo. Los médicos que había en nuestro grupo fuimos los primeros en aprender que los libros de texto mienten. En alguna parte se ha dicho que si no duerme un determinado número de horas, el hombre no puede vivir. ¡Mentira! Yo había vivido convencido de que existían unas cuantas cosas que sencillamente no podía hacer: no podía dormir sin esto, o no podía vivir sin aquello. La primera noche en Auschwitz dormimos en literas de tres pisos. En cada litera (que medía aproximadamente $2 \times 2,5$ m) dormían nueve hombres, directamente sobre los tablones. Para cada nueve había dos mantas. Claro está que sólo podíamos tendernos de costado, apretujados y amontonados los unos contra los otros, lo que tenía ciertas ventajas a causa del frío que penetraba hasta los huesos. Aunque estaba prohibido subir los zapatos a las literas, algunos los utilizaban como almohadas a pesar de estar cubiertos de lodo. Si no, la cabeza de uno tenía que descansar en el pliegue de un brazo casi dislocado. Y aún así, el sueño venía y traía olvido y alivio al dolor durante unas pocas horas.

Me gustaría mencionar algunas sorpresas más acerca de lo que éramos capaces de soportar: no podíamos limpiarnos los dientes y, sin embargo y a pesar de la fuerte carencia vitamínica, nuestras encías estaban más saludables que antes. Teníamos que llevar la misma camisa durante medio año, hasta que perdía la apariencia de tal. Pasaban muchos días seguidos sin lavarnos ni siquiera parcialmente, porque se helaban las cañerías de agua y, sin embargo, las llagas y heridas de las manos sucias por el trabajo de la tierra no supuraban (es decir, a menos que se congelaran). O, por ejemplo, aquel que tenía el sueño ligero y al que molestaba el más mínimo ruido en la habitación contigua, se acostaba ahora apretujado junto a un camarada que roncaba ruidosamente a pocas pulgadas de su oído y, sin embargo, dormía profundamente a pesar del ruido. Si alguien nos preguntara sobre la verdad de la afirmación de Dostoyevski que asegura terminantemente que el hombre es un ser que puede ser utilizado para cualquier cosa, contestaríamos: "Cierto, para cualquier cosa, pero no nos preguntéis cómo".

¿"Lanzarse contra la alambrada"?

Nuestro ensayo psicológico no nos ha llevado tan lejos todavía; ni tampoco nosotros los prisioneros estábamos entonces en condiciones de saberlo. Aún nos hallábamos en la primera fase de nuestras reacciones psicológicas. Lo desesperado de la situación, la amenaza de la muerte que día tras día, hora tras hora, minuto tras minuto se cernía sobre nosotros, la proximidad de la muerte de otros —la mayoría— hacía que casi todos, aunque fuera por breve tiempo, abrigasen el pensamiento de suicidarse. Fruto de las convicciones personales que más tarde mencionaré, la primera noche que pasé en el campo me hice a mí mismo la promesa de que no "me lanzaría contra la alambrada". Ésta era la frase que se utilizaba en el campo para describir el método de suicidio más popular: tocar la cerca de alambre electrificada. Esta decisión negativa de no lanzarse contra la alambrada no era difícil de tomar en Auschwitz. Ni tampoco tenía objeto alguno el suicidarse, ya que para el término medio de los prisioneros, las expectativas de vida, consideradas objetivamente y aplicando el cálculo de probabilidades, eran muy escasas. Ninguno de nosotros podía tener la seguridad de aspirar a encontrarse en el pequeño porcentaje de hombres que sobrevivirían a todas las selecciones. En la primera fase del *shock*, el prisionero de Auschwitz no temía la muerte. Pasados los primeros días, incluso las cámaras de gas perdían para él todo su horror; al fin y al cabo, le ahorraban el acto de suicidarse.

Compañeros a quienes he encontrado más tarde me han asegurado que yo no fui uno de los más deprimidos tras el *shock* del internamiento. Recuerdo que me limité a sonreír y, muy sinceramente, cuando ocurrió este episodio la mañana siguiente a nuestra primera noche en Auschwitz. A pesar de las órdenes estrictas de no salir de nuestros barracones, un colega que había llegado a Auschwitz unas semanas antes se coló en el nuestro. Quería calmarnos y tranquilizarnos y nos contó algunas cosas. Había adelgazado tanto que, al principio, no le reconocí. Con un tinte de buen humor y una actitud despreocupada nos dio unos cuantos consejos apresurados:

"¡No tengáis miedo! ¡No temáis las selecciones! El Dr. M. (jefe sanitario de las SS) tiene cierta debilidad por los médicos." (Esto era falso; las amables palabras de mi amigo no correspondían a la verdad. Un prisionero de unos 60 años, médico de un bloque de barracones, me contó que había suplicado al Dr. M. para que liberara a su hijo que había sido destinado a la cámara de gas. El Dr. M. rehusó fríamente ayudarle.)

"Pero una cosa os suplico, continuó, que os afeitéis a diario, completamente si podéis, aunque tengáis que utilizar un trozo de vidrio para ello... aunque tengáis que desprenderos del último pedazo de pan. Pareceréis más jóvenes y los arañazos harán que vuestras mejillas parezcan más lozanas. Si queréis manteneros vivos sólo hay un medio: aplicaros a vuestro trabajo. Si alguna vez cojeáis, si, por ejemplo, tenéis una pequeña ampolla en el talón, y un SS lo ve, os apartará a un lado y al día siguiente podéis asegurar que os mandará a la cámara de gas. ¿Sabéis a quién llamamos aquí un "musulmán"? Al que tiene un aspecto miserable, por dentro y por fuera, enfermo y demacrado y es incapaz de realizar trabajos duros por más tiempo: ése es un "musulmán". Más pronto o más tarde, por regla general más pronto, el "musulmán" acaba en la cámara de gas. Así que recordad: debéis afeitaros, andar derechos, caminar con gracia, y no tendréis por qué temer al gas. Todos los que estáis aquí, aun cuando sólo haga 24 horas, no tenéis que temer al gas, excepto quizás tú." Y entonces señalando hacia mí, dijo: "Espero que no te importe que hable con franqueza." Y repitió a los demás: "De todos vosotros él es el único que debe temer la próxima selección. Así que no os preocupéis." Y yo sonreí. Ahora estoy convencido de que cualquiera en mi lugar hubiera hecho lo mismo aquel día.

Fue Lessing quien dijo en una ocasión: "Hay cosas que deben haceros perder la razón, o entonces es que no tenéis ninguna razón que perder." Ante una situación anormal, la reacción anormal constituye una conducta normal. Aún nosotros, los psiquiatras, esperamos que los recursos de un hombre ante una situación anormal, como la de estar internado en un asilo, sean anormales en proporción a su grado de normalidad. La reacción de un hombre tras su internamiento en un campo de concentración representa igualmente un estado de ánimo anormal, pero juzgada objetivamente es normal y, como más tarde demostraré, una reacción típica dadas las circunstancias.

SEGUNDA FASE: LA VIDA EN EL CAMPO

Apatía

Las reacciones descritas empezaron a cambiar a los pocos días. El prisionero pasaba de la primera a la segunda fase, una fase de apatía relativa en la que llegaba a una especie de muerte emocional. Aparte de las emociones ya descritas, el prisionero recién llegado experimentaba las torturas de otras emociones más dolorosas, todas las cuales intentaba amortiguar. La primera de todas era la añoranza sin límites de su casa y de su familia. A veces era tan aguda que simplemente se consumía de nostalgia. Seguía después la repugnancia que le producía toda la fealdad que le rodeaba, incluso en las formas externas más simples.

A muchos de los prisioneros se les entregaba un uniforme andrajoso que, por comparación, hubiera hecho parecer elegante a un espantapájaros. Entre los barracones del campo no había nada más que barro y cuanto más se trabajaba para eliminarlo más se hundía uno en él. Una de las prácticas favoritas consistía en destacar a un recién llegado en el grupo encargado de limpiar las letrinas y retirar los excrementos. Si, como solía suceder, parte de éstos le salpicaba la cara al trasladarlos entre los desniveles del campo, cualquier signo de asco por parte del prisionero o la intención de quitarse la porquería de la cara merecía cuando menos un latigazo por parte del "capo", indignado ante la "delicadeza" del prisionero. De esta forma se aceleraba la mortificación ante las reacciones normales.

Al principio, el prisionero volvía la cabeza ante las marchas de

31

castigo de otros grupos; no podía soportar la contemplación de sus compañeros yendo arriba y abajo durante horas, hundidos en el fango, acompañadas las órdenes de golpes. Unos días o unas semanas después, las cosas cambiaban. Por la mañana temprano, cuando todavía estaba oscuro, el prisionero se plantaba frente a la puerta, junto con su destacamento, listo para marchar. Oía un grito y veía tirar a golpes al suelo a un camarada; se volvía a poner de pie y nuevamente le volvían a derribar al suelo. ¿Y todo por qué? Tenía fiebre, pero se había presentado a la enfermería en un momento inoportuno. Le castigaban por tratar de zafarse de sus deberes de esta forma irregular.

El prisionero que se encontraba ya en la segunda fase de sus reacciones psicológicas no apartaba la vista. Al llegar a ese punto, sus sentimientos se habían embotado y contemplaba impasible tales escenas. Otro ejemplo: cuando ese mismo prisionero estaba por la tarde esperando ante la enfermería con la esperanza de que le concederían dos días de trabajos ligeros dentro del campo a causa de sus heridas o quizás por el edema o la fiebre, observaba impertérrito cómo era arrastrado un muchacho de 12 años para el que no había ya zapatos en el campo y le habían obligado a estar en posición firme durante horas bajo la nieve o a trabajar a la intemperie con los pies desnudos. Se le habían congelado los dedos y el médico le arrancaba los negros muñones gangrenados con tenazas, uno por uno. Asco, piedad y horror eran emociones que nuestro espectador no podía sentir ya. Los que sufrían, los enfermos, los agonizantes y los muertos eran cosas tan comunes para él tras unas pocas semanas en el campo que no le conmovían en absoluto.

Estuve algún tiempo en un barracón cuidando a los enfermos de tifus; los delirios eran frecuentes, pues casi todos los pacientes estaban agonizando. Apenas acababa de morir uno de ellos y yo contemplaba sin ningún sobresalto emocional la siguiente escena, que se repetía una y otra vez con cada fallecimiento. Uno por uno, los prisioneros se acercaban al cuerpo todavía caliente de su compañero. Uno agarraba los restos de las hediondas patatas de la comida del mediodía, otro decidía que los zapatos de madera del cadáver eran mejores que los suyos y se los cambiaba. Otro hacía lo mismo con el abrigo del muerto y otro se contentaba con agenciarse —¡imagínense qué cosa!— un trozo de cuerda auténtica. Y todo esto yo lo veía impertérrito, sin conmoverme lo más mínimo. Pedía al "enfermo" que retirara el cadáver. Cuando se decidía a hacerlo, lo cogía por las piernas, dejaba que se deslizara al estrecho pasillo entre las dos hileras de tablas que constituían las camas de los cincuenta enfermos de tifus y lo arrastraba por el desigual suelo de tierra hasta la puerta. Los dos escalones que había que subir para salir al aire libre siempre constituían un problema para nosotros, que estábamos exhaustos por falta de alimentación. Tras unos cuantos meses de estancia en el campo, éramos incapaces de subir las escaleras sin agarrarnos a la puerta para darnos impulso. El hombre que arrastraba el cadáver se acercaba a los escalones. A duras penas podía subir él; a continuación tenía que izar el cadáver: primero los pies, luego el tronco y finalmente —con un ruido extraño— la cabeza del muerto subía botando los dos escalones. Acto seguido nos distribuían la ración diaria de sopa. Mi sitio estaba en la parte opuesta del barracón, cerca de la pequeña y única ventana, situada casi a ras del suelo. Mientras mis frías manos agarraban la taza de sopa caliente de la que yo sorbía con avidez, miraba por la ventana. El cadáver que acababan de llevarse me estaba mirando con sus ojos vidriosos; sólo dos horas antes había estado hablando con aquel hombre. Yo seguía sorbiendo mi sopa. Si mi falta de emociones no me hubiera sorprendido desde el punto de vista del interés profesional, ahora no recordaría este incidente, tal era el escaso sentimiento que en mí despertaba.

Lo que hace daño

La apatía, el adormecimiento de las emociones y el sentimiento de que a uno no le importaría ya nunca nada eran los síntomas que se manifestaban en la segunda etapa de las reacciones psicológicas del prisionero y lo que, eventualmente, le hacían insensible a los golpes diarios, casi continuos. Gracias a esta insensibilidad, el prisionero se rodeaba en seguida de un caparazón protector muy necesario. Los golpes se producían a la mínima provocación y algunas veces sin razón alguna. Por ejemplo: el pan se repartía en el lugar donde trabajábamos y teníamos que ponernos en fila para obtenerlo. En una ocasión, el que estaba detrás de mí se corrió ligeramente hacia un lado y esta mínima falta de simetría desagradó al guardián de las SS. Yo no sabía lo que ocurría en la fila detrás de mí, ni lo que pasaba por la mente del guardia, pero, de pronto, recibí dos fuertes golpes en la cabeza. Sólo entonces me di cuenta de que a mi lado había un guardia y que estaba usando su vara. En tales momentos no es ya el dolor físico lo que más nos hiere (y esto se aplica tanto a los adultos como a los niños); es la agonía mental causada por la injusticia, por lo irracional de todo aquello.

Por extraño que parezca, un golpe que incluso no acierte a dar, puede, bajo ciertas circunstancias, herirnos más que uno que atine en el blanco. Una vez estaba de pie junto a la vía del ferrocarril bajo una tormenta de nieve. A pesar del temporal nuestra cuadrilla tenía que seguir trabajando. Trabajé con bastante ahínco, repasando la vía con grava, ya que era la única forma de entrar en calor. Durante unos breves instantes hice una pausa para tomar aliento y apoyarme sobre la pala. Por desgracia, el guardia se dio entonces media vuelta y pensó que yo estaba holgazaneando. El dolor que me causó no fue por sus insultos o sus golpes. El guardia decidió que no valía la pena gastar su tiempo en decir ni una palabra, ni lanzar un juramento contra aquel cuerpo andrajoso y demacrado que tenía delante de él y que, probablemente, apenas le recordaba al de una figura humana. En vez de ello, cogió una piedra alegremente y la lanzó contra mí. A mí, aquello me pareció una forma de atraer la atención de una bestia, de inducir a un animal doméstico a que realice su trabajo, una criatura con la que se tiene tan poco en común que ni siquiera hay que molestarse en castigarla.

El insulto

El aspecto más doloroso de los golpes es el insulto que incluyen. En una ocasión teníamos que arrastrar unas cuantas traviesas largas y pesadas sobre las vías heladas. Si un hombre resbalaba, no sólo corría peligro él, sino todos los que cargaban la misma traviesa. Un antiguo amigo mío tenía una cadera dislocada de nacimiento. Podía estar contento de trabajar a pesar del defecto, ya que los que padecían algún defecto físico era casi seguro que los enviaban a morir en la primera selección. Mi amigo se bamboleaba sobre el raíl con aquella traviesa especialmente pesada y estaba a punto de caerse y arrastrar a los demás con él. En aquel momento yo no arrastraba ninguna traviesa, así que salté a ayudarle sin pararme a pensar. Inmediatamente sentí un golpe en la espalda, un duro castigo, y me ordenaron regresar a mi puesto. Unos pocos minutos antes el guardia que me golpeó nos había dicho despectivamente que los "cerdos" como nosotros no teníamos espíritu de compañerismo.

En otra ocasión y a una temperatura de menos de veinte grados centígrados empezamos a cavar el suelo del bosque, que estaba helado, para tender unas cañerías. Para entonces ya me había debilitado mucho físicamente. Vi venir a un capataz con sus rechonchas mejillas sonrosadas. Su cara recordaba inevitablemente la cabeza de un cerdo. Me fijé, con envidia, en sus cálidos guantes, mientras pensaba que nosotros teníamos que trabajar con las manos desnudas y sin ninguna prenda de abrigo, como su chaqueta de cuero forrada de piel, bajo aquel frío tan intenso. Durante un momento me observó en silencio. Sentí que se mascaba la tragedia, ya que junto a mí tenía el montón de tierra que mostraba exactamente lo poco que había cavado.

Entonces: "Tú, cerdo, te vengo observando todo el tiempo. Yo te enseñaré a trabajar. Espera a ver como cavas la tierra con los dientes, morirás como un animal. ¡En dos días habré acabado contigo! No has debido dar golpe en toda tu vida. ¿Qué eras tú, puerco, un hombre de negocios?"

Ya había dejado de importarme todo. Pero tenía que tomar en serio esta amenaza de muerte, así que saqué todas mis fuerzas y le miré directamente a los ojos: "Era médico especialista."

"¿Qué? ¿Un médico? Apuesto a que les cobrabas un montón de dinero a tus pacientes."

"La verdad es que la mayor parte de mi trabajo lo hacía sin cobrar nada, en las clínicas para pobres." Al llegar aquí, comprendí que había dicho demasiado. Se arrojó sobre mí y me derribó al suelo gritando como un energúmeno. No puedo recordar lo que gritaba.

Afortunadamente el "capo" de mi cuadrilla se sentía obligado hacia mí; sentía hacia mí cierta simpatía porque yo escuchaba sus historias de amor y sus dificultades matrimoniales, que me contaba en las largas caminatas a nuestro lugar de trabajo. Le había causado cierta

impresión con mi diagnosis sobre su carácter y mi consejo psicoterapéutico. A partir de este momento me estaba agradecido y ello me fue
de mucho valor. En ocasiones anteriores me había reservado un
puesto junto a él en las cinco primeras hileras de nuestro destacamento, que normalmente componían 280 hombres. Era un favor
muy importante. Teníamos que alinearnos por la mañana muy temprano cuando todavía estaba oscuro. Todo el mundo tenía miedo de
llegar tarde y tener que quedarse en las hileras de la cola. Si se necesitaban hombres para hacer un trabajo desagradable, el jefe de los
"capo" solía reclutar a los hombres que necesitaba de entre los de las
últimas filas. Estos hombres tenían que marchar lejos a otro tipo de
trabajo, especialmente temido, a las órdenes de guardias desconoci-
dos. De vez en cuando, el "capo" elegía a los hombres de las primeras
cinco filas para sorprender a los que se pasaban de listos. Todas las
protestas y súplicas eran silenciadas con unos cuantos puntapiés que
daban en el blanco y las víctimas de su elección eran llevadas al lugar
de reunión a base de gritos y golpes.

Ahora bien, mientras duraron las confesiones de mi "capo",
nunca me sucedió eso a mí. Tenía garantizado un puesto de honor
junto a él, lo que comportaba además otra ventaja. Como casi todos
los que estaban internados en el campo, yo padecía edema de hambre.
Mis piernas estaban tan hinchadas y la piel tan tirante que apenas podía doblar las rodillas. No podía atarme los zapatos si quería que cu-
pieran en ellos mis pies hinchados. No hubiera quedado espacio para
los calcetines aun cuando los hubiera tenido. Mis pies parcialmente
desnudos estaban siempre mojados y los zapatos llenos de nieve. Ello
me producía, naturalmente, congelaciones y sabañones. Cada paso
que daba constituía una verdadera tortura. Durante las largas marchas
sobre los campos nevados se formaban en nuestros zapatos carámbanos de hielo. Una y otra vez los hombres resbalaban y los que les seguían tropezaban y caían encima de ellos. Entonces la columna se de-
tenía unos momentos, no demasiados. Pronto entraba en acción uno
de los guardias y golpeaba a los hombres con la culata de su rifle, haciendo que se levantaran rápidamente. Cuanto más adelantado se estuviera en la columna, menos probabilidades tenías de detenerte y de
tener que recuperar después la distancia perdida corriendo con los pies
doloridos. ¡Qué agradecido debía sentirme por haber sido designado

médico personal de su señoría el "capo" y por marchar en cabeza a un paso regular! Como pago adicional a mis servicios, yo podía estar seguro de que mientras en nuestro lugar de trabajo se repartiera un plato de sopa a la hora de comer, cuando llegara mi turno, él metería el cacillo hasta el fondo del perol para pescar unas pocas habichuelas.

Este mismo "capo", que anteriormente había sido oficial del ejército, se había atrevido a musitar al capataz, aquel que se había irritado conmigo, que me consideraba un trabajador excepcionalmente bueno. No es que esto me ayudara mucho, pero sí sirvió para salvarme la vida (una de las muchas veces que se salvaría). Al día siguiente del episodio con el capataz el "capo" me metió de contrabando en otra cuadrilla de trabajo.

Con este suceso, aparentemente trivial, quiero mostrar que hay momentos en que la indignación puede surgir incluso en un prisionero aparentemente endurecido, indignación no causada por la crueldad o el dolor, sino por el insulto al que va unido. Aquella vez, la sangre se me agolpó en la cabeza por verme obligado a escuchar a un hombre que juzgaba mi vida sin tener la más remota idea de cómo era yo, un hombre (debo confesarlo: la observación que expongo seguidamente la hice a mis compañeros de prisión tras la escena, lo que me produjo un cierto alivio infantil) "que parecía tan vulgar y tan brutal que la enfermera de la sala de espera de nuestro hospital ni siquiera le hubiera permitido pasar".

Había también capataces que se preocupaban por nosotros y hacían cuanto podían por aliviar nuestra situación, cuando menos al pie de obra. Pero aún así no cesaban de recordarnos que un trabajador normal hacía siete veces nuestro trabajo y en menos tiempo. Entendían, sin embargo, nuestras razones cuando argüíamos que ningún trabajador normal y corriente vivía con 300 g de pan (teóricamente, pero en la práctica recibíamos menos) y 1 litro de sopa aguada al día; que un obrero normal no vivía bajo la presión mental a la que nos veíamos sometidos, sin noticias de nuestros familiares que, o bien habían sido enviados a otro campo o habían muerto en las cámaras de gas; que un trabajador normal no vivía amenazado de muerte continuamente, todos los días y a todas horas. Una vez incluso me permití decirle a un capataz amablemente: "Si usted aprendiera de mí a operar el cerebro con tanta rapidez como yo estoy aprendiendo de usted a hacer carreteras, sentiría un gran respeto por usted." Y él hizo una mueca.

La apatía, el principal síntoma de la segunda fase, era un mecanismo necesario de autodefensa. La realidad se desdibujaba y todos nuestros esfuerzos y todas nuestras emociones se centraban en una tarea: la conservación de nuestras vidas y la de otros compañeros. Era típico oír a los prisioneros, cuando al atardecer los conducían como rebaños de vuelta al campo desde sus lugares de trabajo, respirar con alivio y decir: "Bueno, ya pasó el día."

Los sueños de los prisioneros

Fácilmente se comprende que un estado tal de tensión junto con la constante necesidad de concentrarse en la tarea de estar vivos, forzaba la vida íntima del prisionero a descender a un nivel primitivo. Algunos de mis colegas del campo, que habían estudiado psicoanálisis, solían hablar de la "regresión" del internado en el campo: una retirada a una forma más primitiva de vida mental. Sus apetencias y deseos se hacían obvios en sus sueños.

Pero, ¿con qué soñaban los prisioneros? Con pan, pasteles, cigarrillos y baños de agua templada. El no tener satisfechos esos simples deseos les empujaba a buscar en los sueños su cumplimiento. Si estos sueños eran o no beneficiosos ya es otra cuestión; el soñador tenía que despertar de ellos y ponerse en la realidad de la vida en el campo y del terrible contraste entre ésta y sus ilusiones.

Nunca olvidaré una noche en la que me despertaron los gemidos de un prisionero amigo, que se agitaba en sueños, obviamente víctima de una horrible pesadilla. Dado que desde siempre me he sentido especialmente dolorido por las personas que padecen pesadillas angustiosas, quise despertar al pobre hombre. Y de pronto retiré la mano que estaba a punto de sacudirle, asustado de lo que iba a hacer. Comprendí en seguida de una forma vívida, que ningún sueño, por horrible que fuera, podía ser tan malo como la realidad del campo que nos rodeaba y a la que estaba a punto de devolverle.

El hambre

Debido al alto grado de desnutrición que los prisioneros sufrían, era natural que el deseo de procurarse alimentos fuera el instinto más primitivo en torno al cual se centraba la vida mental. Observemos a la mayoría de los prisioneros que trabajan uno junto a otro y a quienes, por una vez, no vigilan de cerca. Inmediatamente empiezan a hablar sobre la comida. Un prisionero le pregunta al que trabaja junto a él en la zanja cuál es su plato preferido. Intercambiarán recetas y planearán un menú para el día en que se reúnan: el día de un futuro distante en que sean liberados y regresen a casa. Y así seguirán y seguirán, describiendo con todo detalle, hasta que de pronto una advertencia se irá transmitiendo, normalmente en forma de consigna o número de contraseña: "el guardia se acerca". Siempre consideré las charlas sobre comida muy peligrosas. ¿Acaso no es una equivocación provocar al organismo con aquellas descripciones tan detalladas y delicadas cuando ya ha conseguido adaptarse de algún modo a las ínfimas raciones y a las escasas calorías? Aunque de momento puedan parecer un alivio psicológico, se trata de una ilusión, que psicológicamente, y sin ninguna duda, no está exenta de peligro.

Durante la última parte de nuestro encarcelamiento, la dieta diaria consistía en una única ración de sopa aguada y un pequeñísimo pedazo de pan. Se nos repartía, además, una "entrega extra" consistente en 20 gr de margarina o una rodaja de salchicha de baja calidad o un pequeño trozo de queso o una pizca de algo que pretendía ser miel o una cucharada de jalea aguada, cada día una cosa. Una dieta absolutamente inapropiada en cuanto a calorías, sobre todo teniendo en cuenta nuestro pesado trabajo manual y nuestra continua exposición a la intemperie con ropas inadecuadas.

Los enfermos que "necesitaban cuidados especiales" —es decir, a los que permitían quedarse en el barracón en vez de ir a trabajar— estaban todavía en peores condiciones. Cuando desaparecieron por completo las últimas capas de grasa subcutánea y parecíamos esqueletos disfrazados con pellejos y andrajos, comenzamos a observar cómo nuestros cuerpos se devoraban a sí mismos. El organismo digería sus propias proteínas y los músculos desaparecían; al cuerpo no le quedaba ningún poder de resistencia. Uno tras otro, los miembros de

nuestra pequeña comunidad del barracón morían. Cada uno de nosotros podía calcular con toda precisión quién sería el próximo y cuándo
le tocaría a él. Tras muchas observaciones conocíamos bien los síntomas, lo que hacía que nuestros pronósticos fuesen siempre acertados.
"No va a durar mucho", o "él es el próximo" nos susurrábamos entre
nosotros, y cuando en el curso de nuestra diaria búsqueda de piojos,
veíamos nuestros propios cuerpos desnudos, llegada la noche, pensábamos algo así: Este cuerpo, mi cuerpo, es ya un cadáver, ¿qué ha
sido de mí? No soy más que una pequeña parte de una gran masa de
carne humana... de una masa encerrada tras la alambrada de espinas,
agolpada en unos cuantos barracones de tierra. Una masa de la cual
día tras día va descomponiéndose un porcentaje porque ya no tiene
vida.

Ya he mencionado hasta qué punto no se podían olvidar los pensamientos sobre platos favoritos que se introducían a la fuerza en la
conciencia del prisionero, en cuanto tenía un instante de asueto. Tal
vez pueda entenderse, pues, que aun el más fuerte de nosotros soñara
con un futuro en el que tendría buenos alimentos y en cantidad, no
por el hecho de la comida en sí, sino por el gusto de saber que la existencia infrahumana que nos hacía incapaces de pensar en otra cosa que
no fuera comida se acabaría por fin de una vez.

Los que no hayan pasado por una experiencia similar difícilmente
pueden concebir el conflicto mental destructor del alma ni los conflictos de la fuerza de voluntad que experimenta un hombre hambriento.
Difícilmente pueden aprehender lo que significa permanecer de pie cavando una trinchera, sin oír otra cosa que la sirena anunciando las
9,30 o las 10 de la mañana —la media hora de descanso para almor-
zar— cuando se repartía el pan (si es que lo había); preguntando una y
otra vez al capitán —si éste no era un tipo excesivamente desagradable— qué hora era; tocar después con cariño un trozo de pan en el bolsillo, cogiéndolo primero con los dedos helados, sin guantes, par-
tiendo después una migaja, llevársela a la boca para, finalmente, con
un último esfuerzo de voluntad, guardársela otra vez en el bolsillo,
prometiéndose a uno mismo aquella mañana que lo conservaría hasta
mediodía.

Podíamos sostener discusiones inacabables sobre la sensatez o insensatez de los métodos utilizados para conservar la ración diaria de

pan que durante la última época de nuestro confinamiento sólo se nos entregaba una vez al día. Había dos escuelas de pensamiento: una era partidaria de comerse la ración de pan inmediatamente. Esto tenía la doble ventaja de satisfacer los peores retortijones del hambre, los más dolorosos, durante un breve período de tiempo, al menos una vez al día, e impedía posibles robos o la pérdida de la ración. El segundo grupo sostenía que era mejor dividir la porción y utilizaba diversos argumentos. Finalmente yo engrosé las filas de este último grupo.

El momento más terrible de las 24 horas de la vida en un campo de concentración era el despertar, cuando, todavía de noche, los tres agudos pitidos de un silbato nos arrancaban sin piedad de nuestro dormir exhausto y de las añoranzas de nuestros sueños. Empezábamos entonces a luchar con nuestros zapatos mojados en los que a duras penas podíamos meter los pies, llagados e hinchados por el edema. Y entonces venían los lamentos y quejidos de costumbre por los pequeños fastidios, tales como enganchar los alambres que reemplazaban a los cordones. Una mañana vi a un prisionero, al que tenía por valiente y digno, llorar como un crío porque tenía que ir por los caminos nevados con los pies desnudos, al haberse encogido sus zapatos demasiado como para poderlos llevar. En aquellos fatales minutos yo gozaba de un mínimo alivio; me sacaba del bolsillo un trozo de pan que había guardado la noche anterior y lo masticaba absorto en un puro deleite.

Sexualidad

La desnutrición, además de ser causa de la preocupación general por la comida, probablemente explica también el hecho de que el deseo sexual brillara por su ausencia. Aparte de los efectos del *shock* inicial, ésta parece ser la única explicación del fenómeno que un psicólogo se veía obligado a observar en aquellos campos sólo de hombres: que, en oposición a otros establecimientos estrictamente masculinos —como los barracones del ejército— la perversión sexual era mínima. Incluso en sueños, el prisionero se ocupaba muy poco del sexo, aun cuando según el psicoanálisis "los instintos inhibidos", es decir, el deseo sexual del prisionero junto con otras emociones deberían manifestarse de forma muy especial en los sueños.

Ausencia de sentimentalismo

En la mayoría de los prisioneros, la vida primitiva y el esfuerzo de tener que concentrarse precisamente en salvar el pellejo llevaba a un abandono total de lo que no sirviera a tal propósito, lo que explicaba la susencia total de sentimentalismo en los prisioneros. Esto lo experimenté por mí mismo cuando me trasladaron desde Auschwitz a Dachau. El tren que conducía a unos 2 000 prisioneros atravesó Viena. Era a eso de la medianoche cuando pasamos por una de las estaciones de la ciudad. Las vías nos acercaban a la calle donde yo nací, a la casa donde yo había vivido tantos años, en realidad hasta que caí prisionero. Éramos cincuenta prisioneros en aquel vagón, que tenía dos pequeñas mirillas enrejadas. Tan solo había sitio para que un grupo se sentara en cuclillas en el suelo, mientras que el resto —que debía permanecer horas y horas de pie— se agolpaba en torno a los ventanucos. Alzándome de puntillas y mirando desde atrás por encima de las cabezas de los otros, por entre los barrotes de los ventanucos, tuve una visión fantasmagórica de mi ciudad natal. Todos nos sentíamos más muertos que vivos, pues pensábamos que nuestro transporte se dirigía al campo de Mauthausen y sólo nos restaban una o dos semanas de vida. Tuve la inequívoca sensación de estar viendo las calles, las plazas y la casa de mi niñez con los ojos de un muerto que volviera del otro mundo para contemplar una ciudad fantasma. Varias horas después, el tren salió de la estación y allí estaba la calle, ¡mi calle! Los jóvenes que ya habían pasado años en un campo de concentración y para quienes el viaje constituía un acontecimiento escudriñaban el paisaje a través de las mirillas. Les supliqué, les rogué que me dejasen pasar delante aunque fuera sólo un momento. Intenté explicarles cuánto significaba para mí en este momento mirar por el ventanuco, pero mis súplicas fueron desechadas con rudeza y cinismo: "¿Qué has vivido ahí tantos años? Bueno, entonces ya lo tienes demasiado visto."

Política y religión

Esta ausencia de sentimientos en los prisioneros "con experiencia" es unó de los fenómenos que mejor expresan esa desvalorización de todo lo que no redunde en interés de la conservación de la propia vida. Todo lo demás el prisionero lo consideraba un lujo superfluo. En general, en el campo sufríamos también de "hibernación cultural", con sólo dos excepciones: la política y la religión: todo el campo hablaba, casi continuamente, de política; las discusiones surgían ante todo de rumores que se cazaban al vuelo y se transmitían con ansia. Los rumores sobre la situación militar casi siempre eran contradictorios. Se sucedían con rapidez y lo único que conseguían era azuzar la guerra de nervios que agitaba las mentes de todos los prisioneros. Una y otra vez se desvanecían las esperanzas de que la guerra acabara con celeridad, esperanzas avivadas por rumores optimistas. Algunos hombres perdían toda esperanza, pero siempre había optimistas incorregibles que eran los compañeros más irritantes.

Cuando los prisioneros sentían inquietudes religiosas, éstas eran las más sinceras que cabe imaginar y, muy a menudo, el recién llegado quedaba sorprendido y admirado por la profundidad y la fuerza de las creencias religiosas. A este respecto lo más impresionante eran las oraciones o los servicios religiosos improvisados en el rincón de un barracón o en la oscuridad del camión de ganado en que nos llevaban de vuelta al campo desde el lejano lugar de trabajo, cansados, hambrientos y helados bajo nuestras ropas harapientas.

Durante el invierno y la primavera de 1945 se produjo un brote de tifus que afectó a casi todos los prisioneros. El índice de mortalidad fue elevado entre los más débiles, quienes habían de continuar trabajando hasta el límite de sus fuerzas. Los chamizos de los enfermos carecían de las mínimas condiciones, apenas teníamos medicamentos ni personal sanitario. Algunos de los síntomas de la enfermedad eran muy desagradables: una aversión irreprimible a cualquier migaja de comida (lo que constituía un peligro más para la vida) y terribles ataques de delirio. El peor de los casos de delirio lo sufrió un amigo mío que creía que se estaba muriendo y al intentar rezar era incapaz de encontrar las palabras. Para evitar estos ataques yo y muchos otros intentábamos permanecer despiertos la mayor parte de la noche. Durante horas redactaba discursos mentalmente. En un momento dado, empecé a reconstruir el manuscrito que había perdido en la cámara de desinfección de Auschwitz y, en taquigrafía, garabateé las palabras clave en trozos de papel diminutos.

Una sesión de espiritismo

De vez en cuando se suscitaba una discusión científica y en una ocasión presencié algo que jamás había visto durante mi vida normal, aun cuando, tangencialmente, se relacionaba con mis intereses científicos: una sesión de espiritismo. Me invitó el médico jefe del campo (prisionero también), quien sabía que yo era psiquiatra. La reunión tuvo lugar en su pequeño despacho de la enfermería. Se había formado un pequeño círculo de personas entre los que se encontraba, de modo totalmente antirreglamentario, el oficial de seguridad del equipo sanitario. Un prisionero extranjero comenzó a invocar a los espíritus con una especie de oración. El administrativo del campo estaba sentado ante una hoja de papel en blanco, sin ninguna intención consciente de escribir. Durante los diez minutos siguientes (transcurridos los cuales la sesión concluyó ante el fracaso del médium en conjurar a los espíritus para que se mostraran), su lápiz trazó —despacio— unas cuantas líneas en el papel, hasta que fue apareciendo, de forma bastante legible, *"vae v."*. Me aseguraron que el administrativo no sabía latín y que nunca antes había oído las palabras *"vae victis,* ¡ay los vencidos!" Mi opinión personal es que seguramente las habría oído alguna vez, aunque sin llegar a captarlas de forma consciente, y quedaron almacenadas en su interior para que el "espíritu" (el espíritu de su subconsciente) las recogiera unos meses antes de nuestra liberación y del final de la guerra.

La huida hacia el interior

A pesar del primitivismo físico y mental imperantes a la fuerza, en la vida del campo de concentración aún era posible desarrollar una profunda vida espiritual. No cabe duda que las personas sensibles acostumbradas a una vida intelectual rica sufrieron muchísimo (su constitución era a menudo endeble), pero el daño causado a su ser íntimo fue menor: eran capaces de aislarse del terrible entorno retrotrayéndose a una vida de riqueza interior y libertad espiritual. Sólo de esta forma puede uno explicarse la paradoja aparente de que algunos prisioneros, a menudo los menos fornidos, parecían soportar mejor la vida del campo que los de naturaleza más robusta. Para aclarar este punto, me veo obligado a recurrir de nuevo a la experiencia personal. Voy a contar lo que sucedía aquellas mañanas en que, antes del alba, teníamos que ir andando hasta nuestro lugar de trabajo.

Oíamos gritar las órdenes:

"¡Atención, destacamento adelante! ¡Izquierda 2,3,4! ¡Izquierda 2,3,4! ¡El primer hombre, media vuelta a la izquierda, izquierda, izquierda, izquierda! ¡Gorras fuera!

Todavía resuenan en mis oídos estas palabras. A la orden de: "¡Gorras fuera!" atravesábamos la verja del campo, mientras nos enfocaban con los reflectores. El que no marchaba con marcialidad recibía una patada, pero corría peor suerte quien, para protegerse del frío, se calaba la gorra hasta las orejas antes de que le dieran permiso.

En la oscuridad tropezábamos con las piedras y nos metíamos en los charcos al recorrer el único camino que partía del campo. Los guardias que nos acompañaban no dejaban de gritarnos y azuzarnos con las culatas de sus rifles. Los que tenían los pies llenos de llagas se apoyaban en el brazo de su vecino. Apenas mediaban palabras; el viento helado no propiciaba la conversación. Con la boca protegida por el cuello de la chaqueta, el hombre que marchaba a mi lado me susurró de repente: "¡Si nos vieran ahora nuestras esposas! Espero que ellas estén mejor en sus campos e ignoren lo que nosotros estamos pasando." Sus palabras evocaron en mí el recuerdo de mi esposa.

Cuando todo se ha perdido

Mientras marchábamos a trompicones durante kilómetros, resbalando en el hielo y apoyándonos continuamente el uno en el otro, no dijimos palabra, pero ambos lo sabíamos: cada uno pensaba en su mujer. De vez en cuando yo levantaba la vista al cielo y veía diluirse las estrellas al primer albor rosáceo de la mañana que comenzaba a mostrarse tras una oscura franja de nubes. Pero mi mente se aferraba a la imagen de mi mujer, a quien vislumbraba con extraña precisión. La oía contestarme, la veía sonriéndome con su mirada franca y cordial. Real o no, su mirada era más luminosa que el sol del amanecer. Un pensamiento me petrificó: por primera vez en mi vida comprendí la verdad vertida en las canciones de tantos poetas y proclamada en la sabiduría definitiva de tantos pensadores. La verdad de que el amor es la meta última y más alta a que puede aspirar el hombre. Fue entonces cuando aprehendí el significado del mayor de los secretos que la poesía, el pensamiento y el credo humanos intentan comunicar: la salvación del hombre está en el amor y a través del amor. Comprendí cómo el hombre, desposeído de todo en este mundo, todavía puede conocer la felicidad —aunque sea sólo momentáneamente— si contempla al ser querido. Cuando el hombre se encuentra en una situación de total desolación, sin poder expresarse por medio de una acción positiva, cuando su único objetivo es limitarse a soportar los sufrimientos correctamente —con dignidad— ese hombre puede, en fin, realizarse en la amorosa contemplación de la imagen del ser querido. Por primera vez en mi vida podía comprender el significado de las palabras: "Los ángeles se pierden en la contemplación perpetua de la gloria infinita."

Delante de mí tropezó y se desplomó un hombre, cayendo sobre él los que le seguían. El guarda se precipitó hacia ellos y a todos alcanzó con su látigo. Este hecho distrajo mi mente de sus pensamientos unos pocos minutos, pero pronto mi alma encontró de nuevo el camino para regresar a su otro mundo y, olvidándome de la existencia del prisionero, continué la conversación con mi amada: yo le hacía preguntas y ella contestaba; a su vez ella me interrogaba y yo respondía.

"¡Alto!" Habíamos llegado a nuestro lugar de trabajo. Todos nos abalanzamos dentro de la oscura caseta con la esperanza de obtener una herramienta medio decente. Cada prisionero tomaba una pala o un zapapico.

"¿Es que no podéis daros prisa, cerdos?" Al cabo de unos minutos reanudamos el trabajo en la zanja, donde lo dejamos el día anterior. La tierra helada se resquebrajaba bajo la punta del pico, despidiendo chispas. Los hombres permanecían silenciosos, con el cerebro entumecido. Mi mente se aferraba aún a la imagen de mi mujer. Un pensamiento me asaltó: ni siquiera sabía si ella vivía aún. Sólo sabía una cosa, algo que para entonces ya había aprendido bien: que el amor trasciende la persona física del ser amado y encuentra su significado más profundo en su propio espíritu, en su yo íntimo. Que esté o no presente, y aun siquiera que continúe viviendo deja de algún modo de ser importante. No sabía si mi mujer estaba viva, ni tenía medio de averiguarlo (durante todo el tiempo de reclusión no hubo contacto postal alguno con el exterior), pero para entonces ya había dejado de importarme, no necesitaba saberlo, nada podía alterar la fuerza de mi amor, de mis pensamientos o de la imagen de mi amada. Si entonces hubiera sabido que mi mujer estaba muerta, creo que hubiera seguido entregándome —insensible a tal hecho— a la contemplación de su imagen y que mi conversación mental con ella hubiera sido igualmente real y gratificante: "Ponme como sello sobre tu corazón... pues fuerte es el amor como la muerte". (*Cantar de los Cantares*, 8,6.)

Meditaciones en la zanja

Esta intensificación de la vida interior ayudaba al prisionero a refugiarse contra el vacío, la desolación y la pobreza espiritual de su existencia, devolviéndole a su existencia anterior. Al dar rienda suelta a su imaginación, ésta se recreaba en los hechos pasados, a menudo no los más importantes, sino los pequeños sucesos y las cosas insignificantes. La nostalgia los glorificaba, haciéndoles adquirir un extraño matiz. El mundo donde sucedieron y la existencia que tuvieron parecían muy distantes y el alma tendía hacia ellos con añoranza: en mi apartamento, contestaba al teléfono y encendía las luces. Muchas veces nuestros pensamientos se centraban en estos detalles nimios que nos hacían llorar.

A medida que la vida interior de los prisioneros se hacía más intensa, sentíamos también la belleza del arte y la naturaleza como nunca hasta entonces. Bajo su influencia llegábamos a olvidarnos de nuestras terribles circunstancias. Si alguien hubiera visto nuestros rostros cuando, en el viaje de Auschwitz a un campo de Baviera, contemplamos las montañas de Salzburgo con sus cimas refulgentes al atardecer, asomados por las ventanucas enrejadas del vagón celular, nunca hubiera creído que se trataba de los rostros de hombres sin esperanza de vivir ni de ser libres. A pesar de este hecho —o tal vez en razón del mismo— nos sentíamos trasportados por la belleza de la naturaleza, de la que durante tanto tiempo nos habíamos visto privados. Incluso en el campo, cualquiera de los prisioneros podía atraer la atención del camarada que trabajaba a su lado señalándole una bella puesta de sol resplandeciendo por entre las altas copas de los bosques bávaros (como se ve en la famosa acuarela de Durero), esos mismos bosques donde construíamos un inmenso almacén de municiones oculto a la vista. Una tarde en que nos hallábamos descansando sobre el piso de nuestra barraca, muertos de cansancio, los cuencos de sopa en las manos, uno de los prisioneros entró corriendo para decirnos que saliéramos al patio a contemplar la maravillosa puesta de sol y, de pie, allá fuera, vimos hacia el oeste densos nubarrones y todo el cielo plagado de nubes que continuamente cambiaban de forma y color desde el azul acero al rojo bermellón, mientras que los desolados barracones grisáceos ofrecían un contraste hiriente cuando los charcos del suelo fangoso reflejaban el resplandor del cielo. Y entonces, después de dar unos pasos en silencio, un prisionero le dijo a otro: "¡Qué bello *podría* ser el mundo!"

Monólogo *al amanecer*

En otra ocasión estábamos cavando una trinchera. Amanecía en nuestro derredor, un amanecer gris. Gris era el cielo, y gris la nieve a la pálida luz del alba; grises los harapos que mal cubrían los cuerpos de los prisioneros y grises sus rostros. Mientras trabajaba, hablaba quedamente a mi esposa o, quizás, estuviera debatiéndome por encontrar la *razón* de mis sufrimientos, de mi lenta agonía. En una última y violenta protesta contra lo inexorable de mi muerte inminente, sentí como si mi espíritu traspasara la melancolía que nos envolvía, me sentí trascender aquel mundo desesperado, insensato, y desde alguna parte escuché un victorioso "sí" como contestación a mi pregunta sobre la existencia de una intencionalidad última. En aquel momento y en una franja lejana encendieron una luz, que se quedó allí fija en el horizonte como si alguien la hubiera pintado, en medio del gris miserable de aquel amanecer en Baviera. "*Et lux in tenebris lucet*, y la luz brilló en medio de la oscuridad." Estuve muchas horas tajando el terreno helado. El guardián pasó junto a mí, insultándome y una vez más volví a conversar con mi amada. La sentía presente a mi lado, cada vez con más fuerza y tuve la sensación de que sería capaz de tocarla, de que si extendía mi mano cogería la suya. La sensación era terriblemente fuerte; ella estaba *allí* realmente. Y, entonces, en aquel mismo momento, un pájaro bajó volando y se posó justo frente a mí, sobre la tierra que había extraído de la zanja, y se me quedó mirando fijamente.

Arte en el campo

Antes, he hablado del arte. ¿Puede pensarse en algo parecido en un campo de concentración? Depende más bien de lo que uno llame arte. De vez en cuando se improvisaba una especie de espectáculo de cabaret. Se despejaba temporalmente un barracón, se apiñaban o se clavaban entre sí unos cuantos bancos y se estudiaba un programa. Por la noche, los que gozaban de una buena situación —los "capos"— y los que no tenían que hacer grandes marchas fuera del campo, se reunían allí y reían o alborotaban un poco; cualquier cosa que les hiciera olvidar. Se cantaba, se recitaban poemas, se contaban chistes que contenían alguna referencia satírica sobre el campo. Todo ello no tenía otra finalidad que la de ayudarnos a olvidar y lo conseguía. Las reuniones eran tan eficaces que algunos prisioneros asistían a las funciones a pesar de su agotador cansancio y aun cuando, por ello, perdieran su rancho de aquel día.

El buen humor es siempre algo envidiable: al principio de nuestro internamiento nos permitían reunirnos en un cuarto de máquinas a medio construir para saborear durante media hora el plato de sopa que nos repartían a medio día (como la tenía que pagar la empresa constructora era de todo menos alimenticia). Al entrar, cada uno recibía un cucharón de sopa aguada, y mientras la sorbíamos con avidez, un prisionero italiano trepaba encima de una cuba y nos entonaba arias italianas. Los días que nos daba el recital musical, tenía garantizada una ración doble de sopa, sacada del fondo del perol, es decir, ¡con guisantes!

En el campo se concedían premios no sólo por entretener, sino también por aplaudir. Por ejemplo, a mí podía haberme protegido (¡y fui muy afortunado al no necesitarlo!) el "capo" más temido de todos, a quien por más de una razón se le conocía por el sobrenombre de "el capo asesino". Contaré cómo sucedió. Una tarde tuve el gran honor de que me invitaran otra vez a la sesión de espiritismo. Estaban reunidos en aquella habitación unos cuantos amigos íntimos del médico jefe; asimismo estaba presente, de forma totalmente ilegal, el oficial al cargo del escuadrón sanitario. El "capo asesino" entró allí por casualidad y le pidieron que recitara uno de sus poemas que se habían hecho famosos (o infames) en el campo. No necesitaba que se lo repitieran dos veces, de modo que rápidamente sacó una especie de diario del que empezó a leer unas cuantas muestras de su arte. Me mordía los labios hasta hacerme sangre para no reírme al escuchar uno de sus poemas amorosos y seguramente gracias a ello salvé la vida; como además le aplaudí con largueza, es muy posible que también hubiera estado a salvo caso de haber sido destinado a su cuadrilla de trabajo, donde ya me habían asignado un día, un día que para mí fue más que suficiente. Pero siempre resultaba útil que el "capo asesino" le conociera a uno desde algún ángulo favorable. Así que le aplaudí con todas mis fuerzas.

La obsesión por buscar el arte dentro del campo adquiría, en general, matices grotescos. Yo diría que la impresión real que producía todo lo que se relacionaba con lo artístico surgía del contraste casi fantasmagórico entre la representación y la desolación de la vida en el campo que le servía de telón de fondo. Nunca olvidaré que en la segunda noche que pasé en Auschwitz fue la música lo que me despertó de un sueño profundo. El guardia encargado del barracón celebraba una especie de fiestecilla en su habitación, que estaba próxima a la entrada de nuestra puerta. Voces achispadas se desgañitaban cantando tonadas gastadas. De pronto se hizo el silencio y en medio de la noche se oyó un violín que tocaba desesperadamente un tango triste, una melodía poco conocida y poco desgastada por la continua repetición. El violín lloraba y una parte de mí lloraba con él, pues aquel día alguien cumplía 24 años, alguien que yacía en alguna otra parte de Auschwitz, quizás alejada sólo unos cientos o miles de metros y, sin embargo, fuera de mi alcance. Ese alguien era mi mujer.

El humor en el campo

El descubrimiento de algo parecido al arte en un campo de concentración ha de sorprender bastante al profano en estas cosas, pero aún se sentiría mucho más sorprendido al saber que también había cierto sentido del humor; claro está, en su expresión más leve y aun así, sólo durante unos breves segundos o unos minutos escasos. El humor es otra de las armas con las que el alma lucha por su supervivencia. Es bien sabido que, en la existencia humana, el humor puede proporcionar el distanciamiento necesario para sobreponerse a cualquier situación, aunque no sea más que por unos segundos. Yo mismo entrené a un amigo mío que trabajaba a mi lado en la obra para que desarrollara su sentido del humor. Le sugería que debíamos hacernos la solemne promesa de que cada día inventaríamos una historia divertida sobre algún incidente que pudiera suceder al día siguiente de nuestra liberación. Se trataba de un cirujano que había pertenecido al equipo de un gran hospital, así que una vez intenté arrancarle una sonrisa insistiendo en que cuando se incorporara a su antiguo trabajo le iba a resultar muy difícil olvidar los hábitos que había aprendido en el campo de concentración. Al pie de la obra que construíamos (y en especial cuando el supervisor hacía su ronda de inspección) el capataz nos estimulaba a trabajar más de prisa gritando: "¡Acción! ¡Acción!" Así que dije a mi amigo: "Un día regresarás al quirófano para operar a un paciente aquejado de peritonitis. De pronto, un ordenanza entrará a toda prisa y anunciará la llegada del jefe del equipo de operaciones gritando: "¡Acción! ¡Acción! ¡Que viene el jefe!"

A veces los otros inventaban sueños divertidos con respecto al futuro, previendo; por ejemplo, cuando tuvieran un compromiso para asistir a una cena se olvidarían de cómo se sirve la sopa y le pedirían a la anfitriona que les echara una cucharada "del fondo".

Los intentos para desarrollar el sentido del humor y ver las cosas bajo una luz humorística son una especie de truco que aprendimos mientras dominábamos el arte de vivir, pues aún en un campo de concentración es posible practicar el arte de vivir, aunque el sufrimiento sea omnipresente. Cabría establecer una analogía: el sufrimiento del hombre actúa de modo similar a como lo hace el gas en el vacío de una cámara; ésta se llenará por completo y por igual cualquiera que sea su capacidad. Análogamente, el sufrimiento ocupa toda el alma y toda la conciencia del hombre tanto si el sufrimiento es mucho como si es poco. Por consiguiente el "tamaño" del sufrimiento humano es absolutamente relativo, de lo que se deduce que la cosa más nimia puede originar las mayores alegrías. Tomemos a modo de ejemplo algo que sucedió en nuestro viaje de Auschwitz a un campo filial del de Dachau. Todos temíamos que aquel traslado nos llevara al campo de Mauthausen y nuestra tensión aumentaba a medida que nos acercábamos a un puente sobre el Danubio que el tren tenía que cruzar para llegar a Mauthausen, según sabíamos por lo que contaban los prisioneros más experimentados. Los que no hayan visto nunca algo parecido no podrán imaginar los saltos de júbilo que los prisioneros daban en el vagón cuando vieron que nuestro transporte no cruzaba aquel puente y que "sólo" nos dirigíamos a Dachau.

¿Qué sucedió a nuestra llegada a este campo tras un viaje que había durado dos días y tres noches? En el vagón no había sitio para que todos nos acurrucáramos en el suelo al mismo tiempo, la mayoría tuvo que permanecer de pie todo el viaje mientras que unos pocos se turnaban para ponerse de cuclillas en la estrecha franja que estaba empapada de orines. Cuando llegamos, las primeras noticias que escuchamos a los prisioneros más antiguos fueron que este campo relativamente pequeño (con una población de 2 500 reclusos) ¡no tenía "horno", ni crematorio, ni gas! Lo que significaba que ninguno de nosotros iba a ser un "musulmán", ninguno iba a ir derecho a la cámara de gas, sino que tendría que esperar hasta que se dispusiera lo que se llamaba un "convoy de enfermos" que lo devolvería a Auschwitz. Esta agradable sorpresa nos puso a todos de buen humor. El deseo del viejo vigilante de nuestro barracón en Auschwitz se había cumplido: habíamos llegado lo más rápidamente posible a un campo que —a diferencia de Auschwitz— no tenía "chimenea". Nos reímos y contamos chistes a pesar de las cosas que tuvimos que soportar durante las horas que siguieron.

Cuando nos contaron a los recién llegados resultó que faltaba uno. Así es que hubimos de esperar a la intemperie bajo la lluvia y el viento helado hasta que apareció el prisionero. Finalmente le encontraron en un barracón, dormido, exhausto por el cansancio. Entonces el pasar lista se convirtió en un desfile de castigo: durante toda la noche y hasta muy entrada la mañana siguiente tuvimos que permanecer de pie a la intemperie, helados y calados hasta los huesos después del esfuerzo que había supuesto el viaje. ¡Y aún así nos sentíamos contentos! En aquel campo no había chimenea y Auschwitz quedaba lejos.

Otra vez, vimos a un grupo de convictos que pasaban junto al lugar donde trabajábamos. Y entonces se nos hizo patente y obvia la relatividad del sufrimiento y envidiamos a aquellos prisioneros por su existencia feliz, segura y relativamente bien ordenada; sin duda tendrían la oportunidad de bañarse regularmente, pensamos con tristeza. Seguramente dispondrían de cepillos de dientes, de ropa, de un colchón —uno para cada uno— y mensualmente el correo les traería noticias de lo que sucedía a sus familiares o, al menos, de si estaban vivos o habían muerto. Hacía mucho tiempo que nosotros habíamos perdido todas estas cosas.

¡Y cómo envidiábamos a aquellos de nosotros que tenían la oportunidad de entrar en una fábrica y trabajar en un espacio cubierto, al abrigo de la intemperie! Más o menos todos nosotros deseábamos que nos tocara un poco de suerte relativa. La escala de la fortuna abarcaba muchos más matices. Por ejemplo, en los destacamentos que trabajaban fuera del campo (en uno de los cuales me encontraba yo) había unas cuantas unidades que se consideraban peores que las demás. Se envidiaba al que no tenía que chapotear en la húmeda y fangosa arcilla de un declive escarpado, vaciando los artesones de un pequeño ferrocarril durante doce horas diarias. La mayoría de los accidentes sucedían realizando esta tarea y solían ser fatales.

En otras cuadrillas de trabajo el capataz seguía una tradición, al parecer local, que consistía en propinar golpes a diestro y siniestro, lo cual nos hacía envidiar la suerte relativa de no estar bajo su mando o, todo lo más, de estarlo sólo temporalmente. Una vez y debido a una situación desdichada fui a parar a aquel grupo. Si tras dos horas de trabajo (durante las cuales el capataz se ensañó conmigo especialmente) no nos hubiera interrumpido una alarma aérea, obligándonos a reagruparnos después, creo que hubiera tenido que regresar al campo en alguna de las camillas que trasportaban a los hombres que habían muerto o estaban a punto de morir por la extrema fatiga. Nadie podría imaginar el alivio que en semejante situación puede producir el sonido de la sirena; ni siquiera el boxeador que oye sonar la campana que anuncia el final del asalto salvándose así, en el último instante, de un K.O. seguro.

Suerte es lo que a uno no le toca padecer

Agradecíamos los más ínfimos favores. Nos conformábamos con tener tiempo para despiojarnos antes de ir a la cama, aunque ello no fuera en sí muy placentero: suponía estar desnudos en un barracón helado con carámbanos colgando del techo. Nos contentábamos con que no hubiera alarma aérea durante esta operación y las luces permanecieran encendidas. En la oscuridad no podíamos despiojarnos, lo que suponía pasar la noche en vela.

Los escasos placeres de la vida del campo nos producían una especie de felicidad negativa —"la liberación del sufrimiento", como dijo Schopenhauer— pero sólo de forma relativa. Los verdaderos placeres positivos, aún los más nimios escaseaban. Recuerdo haber llevado una especie de contabilidad de los placeres diarios y comprobar que en el lapso de muchas semanas solamente había experimentado dos momentos placenteros. Uno había ocurrido cuando, al regreso del trabajo y tras una larga espera, me admitieron en el barracón de cocina asignándome a la cola que se alineaba ante el cocinero-prisionero F. Semioculto detrás de las enormes cacerolas, F. servía la sopa en los cuencos que le presentaban los prisioneros que desfilaban apresuradamente. Era el único cocinero que al llegar los cuencos no se fijaba en los hombres; el único que repartía con equidad, sin reparar en el recipiente y sin hacer favoritismos con sus amigos o paisanos, obsequiándoles con patatas, mientras el resto tenía que contentarse con la sopa aguada de la superficie.

Pero no me incumbe a mí juzgar a los prisioneros que preferían a su propia gente. ¿Quién puede arrojar la primera piedra contra aquel que favorece a sus amigos bajo unas circunstancias en que, tarde o temprano, la cuestión que se dilucidaba era de vida o muerte? Nadie puede juzgar, nadie, a menos que con toda honestidad pueda contestar que en una situación similar no hubiera hecho lo mismo.

Mucho tiempo después de haberme integrado a la vida normal (es decir, mucho tiempo después de haber abandonado el campo), me enseñaron una revista ilustrada con fotografías de prisioneros hacinados en sus literas mirando, insensibles, a sus visitantes: "¿No es algo terrible, esos rostros mirando fijamente, y todo lo que ello significa?"

"¿Por qué?", pregunté y es que, en verdad, no lo comprendía. En aquel momento lo vi todo de nuevo: a las 5 de la madrugada, todo estaba oscuro allá afuera, como boca de lobo. Yo estaba echado sobre un duro tablón en el suelo de tierra del barracón donde "se cuidaba" a unos setenta de nosotros. Estábamos enfermos y no teníamos que dejar el campo para ir a trabajar; tampoco teníamos que desfilar. Podíamos permanecer echados todo el día en nuestro rincón y dormitar esperando el reparto diario de pan (que por supuesto era menor para los enfermos) y el rancho de sopa (aguada y también menor en cantidad). Y, sin embargo, estábamos contentos, satisfechos a pesar de todo. Mientras nos apretujábamos los unos contra los otros para evitar la pérdida innecesaria de calor, emperezados y sin la menor intención de mover ni un dedo sin necesidad, oíamos los agudos silbatos y los gritos que venían de la plaza donde el turno de noche acababa de regresar y formaba para la revista. La ventisca abrió la puerta de par en par y la nieve entró en nuestro barracón. Un camarada exhausto y cubierto de nieve entró tambaleándose y durante unos minutos permaneció sentado, pero el guardia le echó fuera de nuevo. Estaba estrictamente prohibido admitir a un extraño en un barracón mientras se procedía a pasar revista. ¡Cómo compadecía a aquel individuo y qué contento estaba yo de no encontrarme en su lugar, sino dormitando en la enfermería! ¡Qué salvación suponía el permanecer allí dos días y, tal vez, otros dos más!

¿Al campo de infecciosos?

Mi suerte se vio incrementada todavía más. Al cuarto día de mi estancia en la enfermería y a punto de ser asignado al turno de noche —lo que habría supuesto mi muerte segura—, el médico jefe entró apresuradamente en el barracón y me sugirió que me ofreciese voluntario para desempeñar tareas sanitarias en un campo destinado a enfermos de tifus. En contra de los consejos de mis amigos (y a pesar de que casi ninguno de mis colegas se ofrecía), decidí ir como voluntario. Sabía que en un grupo de trabajo moriría en poco tiempo y si tenía que morir, siquiera podía darle algún sentido a mi muerte. Pensé que tenía más sentido intentar ayudar a mis camaradas como médico que vegetar o perder la vida trabajando de forma improductiva como hacía entonces. Para mí era una cuestión de matemáticas sencillas y no de sacrificio. Pero el suboficial del equipo sanitario había ordenado, en secreto, que se "cuidara" de forma especial a los dos médicos voluntarios para ir al campo de infecciosos hasta que fueran trasladados al mismo. El aspecto de debilidad que presentábamos era tal que temía tener dos cadáveres más, en vez de dos médicos.

Ya he mencionado antes que todo lo que no se relacionaba con la preocupación inmediata de la supervivencia de uno mismo y sus amigos, carecía de valor. Todo se supeditaba a tal fin. El carácter del hombre quedaba absorbido hasta el extremo de verse envuelto en un torbellino mental que ponía en duda y amenazaba toda la escala de valores que hasta entonces había mantenido. Influido por un entorno que no reconocía el valor de la vida y la dignidad humanas, que había desposeído al hombre de su voluntad y le había convertido en objeto de exterminio (no sin utilizarle antes al máximo y extraerle hasta el último gramo de sus recursos físicos) el yo personal acababa perdiendo sus principios morales. Si, en un último esfuerzo por mantener la propia estima, el prisionero de un campo de concentración no luchaba contra ello, terminaba por perder el sentimiento de su propia individualidad, de ser pensante, con una libertad interior y un valor personal. Acababa por considerarse sólo una parte de la masa de gente: su existencia se rebajaba al nivel de la vida animal. Transportaban a los hombres en manadas, unas veces a un sitio y otras a otro; unas veces juntos y otras por separado, como un rebaño de ovejas sin voluntad ni pensamiento propios. Una pandilla pequeña pero peligrosa, diestra en métodos de tortura y sadismo, los observaba desde todos los ángulos. Conducían al rebaño sin parar, atrás, adelante, con gritos, patadas y golpes, y nosotros, los borregos, teníamos dos pensamientos: cómo evitar a los malvados sabuesos y cómo obtener un poco de comida. Lo mismo que las ovejas se congregan tímidamente en el centro del rebaño, también nosotros buscábamos el centro de las formaciones: allí teníamos más oportunidades de esquivar los golpes de los guardias que marchaban a ambos lados, al frente y en la retaguardia de la columna. Los puestos centrales tenían la ventaja adicional de protegernos de los gélidos vientos. De modo que el hecho de querer sumergirse literalmente en la multitud era en realidad una manera de intentar salvar el pellejo. En las formaciones esto se hacía de modo automático, pero otras veces se trataba de un acto definitivamente consciente por nuestra parte, de acuerdo con las leyes imperativas del instinto de conservación: no ser conspicuos. Siempre hacíamos todo lo posible por no llamar la atención de los SS.

Añoranza de soledad

Cierto que había veces en que era posible —y hasta necesario— mantenerse alejado de la multitud. Es bien sabido que una vida comunitaria impuesta, en la que se presta atención a todo lo que uno hace y en todo momento, puede producir la irresistible necesidad de alejarse, al menos durante un corto tiempo. El prisionero anhelaba estar a solas consigo mismo y con sus pensamientos. Añoraba su intimidad y su soledad. Después de mi traslado a un llamado "campo de reposo", tuve la rara fortuna de encontrar de vez en cuando cinco minutos de soledad. Tras el barracón de suelo de tierra en el que trabajaba y donde se hacinaban unos 50 pacientes delirantes, había un lugar tranquilo junto a la doble alambrada que rodeaba el campo. Allí se había improvisado una tienda con unos cuantos postes y ramas de árboles para cobijar media docena de cadáveres (que era la cuota diaria de muertes en el campo). Había también un pozo que llevaba a las tuberías de conducción de agua. Siempre que no eran necesarios mis servicios solía sentarme en cuclillas sobre la tapa de madera de este pozo, contemplando el florecer de las verdes laderas y las lejanas colinas azuladas del paisaje bávaro, enmarcado por las mallas de la alambrada de púas. Soñaba añorante y mis pensamientos vagaban al norte, al nordeste y en dirección a mi hogar, pero sólo veía nubes.

No me molestaban los cadáveres próximos a mí, hormigueantes de piojos; sólo las pisadas de los guardias, al pasar, me despertaban de mis sueños; o, a veces, una llamada desde la enfermería o para recoger un nuevo envío de medicinas para mi barracón, envío consistente en cinco o diez tabletas de aspirina, para 50 pacientes y varios días. Las recogía y luego hacía mi ronda, tomándole el pulso a los pacientes y suministrándoles media tableta si se trataba de casos graves. Pero los casos desahuciados no recibían medicinas. No les hubieran ayudado y, además, habrían privado de ellas a los que todavía tenían alguna esperanza. Para los enfermos leves no tenía más que unas palabras de aliento. Así me arrastraba de paciente en paciente, aunque yo mismo me encontraba exhausto y convaleciente de un fuerte ataque de tifus. Después volvía a mi lugar solitario sobre la tapa de madera del pozo. Por cierto, este pozo salvó una vez la vida de tres compañeros prisioneros. Poco antes de la liberación, se organizaron transportes masivos hasta Dachau y estos tres hombres, acertadamente, intentaron evitar el viaje. Bajaron al pozo y allí se escondieron de los guardias. Yo me senté tranquilamente sobre la tapa, con aire inocente, tirando piedrecitas a la alambrada de púas, como si se tratase de un juego infantil. Al reparar en mí, el guardia dudó un momento, pero pasó de largo. Pronto pude decir a los hombres que estaban abajo que lo peor había pasado.

Juguete del destino

Resulta difícil para un extraño comprender cuán poco valor se concedía en el campo a la vida humana. El prisionero estaba ya endurecido, pero posiblemente adquiría más conciencia de este absoluto desprecio por la vida cuando se organizaba un convoy de enfermos. Los cuerpos demacrados se echaban en carretillas que los prisioneros empujaban a lo largo de muchos kilómetros, a veces entre tormentas de nieve, hasta el siguiente campo. Si uno de los enfermos moría antes de salir, se le echaba de todas formas, ¡porque la lista tenía que estar completa! La lista era lo único importante. Los hombres sólo contaban por su número de prisionero. Uno se convertía literalmente en un número: que estuviera muerto o vivo no importaba, ya que la vida de un "número" era totalmente irrelevante. Y menos aún importaba lo que había tras aquel número y aquella vida: su destino, su historia o el nombre del prisionero. En los transportes de pacientes a los que yo, en calidad de médico, tenía que acompañar desde un campo de Baviera a otro, hubo un prisionero joven cuyo hermano no estaba en lista y al que, por tanto, había que dejar atrás. El joven suplicó tanto que el guardia decidió hacer un cambio y el hermano ocupó el lugar de un hombre que, de momento, prefería quedarse. ¡Con tal de que la lista estuviera correcta! Y esto era fácil: el hermano cambió su número, nombre y apellido con los del otro prisionero, pues, como ya he dicho antes, carecíamos de documentación; ya teníamos bastante suerte con conservar nuestro cuerpo que, al fin y al cabo, seguía respirando. Todo lo demás que nos rodeaba, como los harapos que pendían de nuestros esqueletos macilentos, sólo tenía interés cuando se ordenaba un transporte de enfermos. Se examinaba a los "musulmanes" con curiosidad descarada, con el fin de averiguar si sus chaquetas o sus zapatos eran mejores que los de uno. Después de todo, su suerte estaba echada. Pero los que quedaban en el campo, capaces aún para algún trabajo, debían aguzar sus recursos para mejorar las posibilidades de supervivencia. No eran sentimentales. Los prisioneros se consideraban totalmente a merced del humor de los guardias —juguetes del destino— y esto les hacía más inhumanos de lo que las circunstancias habrían hecho presumir. Siempre había pensado que, al cabo de cinco o diez años, el hombre estaba siempre en condiciones de saber lo que había repercutido favorablemente en su vida. El campo de concentración me proporcionó mayor precisión: con frecuencia sabíamos si algo había sido bueno al cabo de cinco o diez minutos. En Auschwitz me impuse a mí mismo una norma que resultó ser buena y que todos mis camaradas observaron más tarde. Por regla general, contestaba a todas las preguntas con la verdad, pero guardaba silencio sobre lo que no se me pedía de forma expresa. Si me preguntaban la edad, la decía; si querían saber mi profesión, decía "médico", sin más explicaciones. En la primera mañana en Auschwitz un oficial de las SS asistió a la revista. Teníamos que agruparnos atendiendo a diferentes criterios: prisioneros de más de cuarenta años, de menos de cuarenta, trabajadores del metal, mecánicos, etc. Luego examinaban si teníamos hernias y algunos prisioneros tenían que formar otro grupo. El mío fue llevado a otro barracón, donde nos alinearon de nuevo. Tras otra selección y después de más preguntas sobre mi edad y profesión, me enviaron a un grupo más reducido. De nuevo nos condujeron a otro barracón agrupados de forma diferente. Este proceso continuó durante un tiempo y yo me sentía muy desdichado al encontrarme entre extranjeros que hablaban lenguas para mí ininteligibles. Por fin pasé la última revisión y me hallé de nuevo en el grupo que estaba conmigo en el primer barracón. Mis compañeros apenas se habían dado cuenta de que durante aquel tiempo yo había andado de barracón en barracón. Fui consciente de que en los pocos minutos transcurridos me había cruzado con un destino distinto en cada ocasión.

Cuando se organizó el traslado de los enfermos al "campo de reposo", mi nombre (es decir, mi número) estaba en la lista, ya que se necesitaban algunos médicos. Pero nadie creía que el lugar de destino fuera de verdad un campo de reposo. Unas semanas atrás se había preparado un traslado similar y entonces todos pensaron que les llevaban a la cámara de gas. Cuando se anunció que quien se presentara voluntario para el temido turno de noche sería borrado de la lista, de inmediato se ofrecieron voluntarios 28 prisioneros. Un cuarto de hora más tarde se canceló el transporte pero aquellos 28 prisioneros quedaron en la lista del turno de noche. Para la mayoría de ellos significó la muerte en un plazo de quince días.

La última voluntad aprendida de memoria

Y ahora se disponía por segunda vez el transporte al campo de reposo. Y también ahora se desconocía si era una estratagema para aprovecharse de los enfermos hasta su último aliento, aun cuando sólo fuera durante catorce días o si su destino serían las cámaras de gas o un campo de reposo verdadero. El médico jefe, que me había tomado cierto apego, me dijo furtivamente una noche a las diez menos cuarto:

"He hecho saber en el cuarto de mando que todavía se puede borrar su nombre de la lista; tiene de tiempo hasta las diez."

Le dije que eso no iba conmigo; que yo había aprendido a dejar que el destino siguiera su curso:

"Prefiero quedarme con mis amigos", le contesté.

Sus ojos tenían una expresión de piedad, como si comprendiera... Estrechó mi mano en silencio, a modo de adiós, no para la vida, sino desde la vida. Despacio, volví a mi barracón y allí encontré a un buen amigo esperándome:

"¿De verdad quieres irte con ellos?", me dijo con tristeza.

"Sí, voy a ir."

Se le saltaron las lágrimas y yo traté de consolarle. Todavía me quedaba algo por hacer, expresarle mi última voluntad.

"Otto, escucha, en caso de que yo no regrese a casa junto a mi mujer y en caso de que la vuelvas a ver, dile que yo hablaba de ella a diario, continuamente. Recuérdalo. En segundo lugar, que la he amado más que a nadie. En tercer lugar, que el breve tiempo que estuve casado con ella tiene más valor que nada, que pesa en mí más incluso que todo lo que hemos pasado aquí.

Otto, ¿dónde estás ahora? ¿Vives? ¿Qué ha sido de ti desde aquel momento en que estuvimos juntos por última vez? ¿Encontraste a tu mujer? ¿Recuerdas cómo te hice aprender de memoria mi última voluntad —palabra por palabra— a pesar de tus lágrimas de niño?

A la mañana siguiente partí con el transporte. Esta vez no era ningún truco. No nos llevaron a la cámara de gas, sino a un campo de reposo de verdad. Los que me compadecieron se quedaron en un campo donde el hambre se iba a ensañar en ellos con mayor fiereza que en este nuevo campo. Habían intentado salvarse pero lo que hicieron fue sellar su propio destino. Meses después, tras la liberación, encontré a un amigo de aquel campo, quien me contó que él, como policía, había tenido que buscar un trozo de carne humana que faltaba de un montón de cadáveres y que la rescató de un puchero donde la encontró cociéndose. El canibalismo había hecho su aparición; yo me fui justamente a tiempo.

¿No recuerda esto el relato de *Muerte en Teherán*? En cierta ocasión, un persa rico y poderoso paseaba por el jardín con uno de sus criados, compungido éste porque acababa de encontrarse con la muerte, quien le había amenazado. Suplicaba a su amo para que le diera el caballo más veloz y así poder apresurarse y llegar a Teherán aquella misma tarde. El amo accedió y el sirviente se alejó al galope. Al regresar a su casa el amo también se encontró a la Muerte y le preguntó: "¿Por qué has asustado y aterrorizado a mi criado?" "Yo no le he amenazado, sólo mostré mi sorpresa al verle aquí cuando en mis planes estaba encontrarle esta noche en Teherán", contestó la muerte.

Planes de fuga

El prisionero de un campo de concentración temía tener que tomar una decisión o cualquier otra iniciativa. Esto era resultado de un sentimiento muy fuerte que consideraba al destino dueño de uno y creía que, bajo ningún concepto, se debía influir en él. Estaba además aquella apatía que, en buena parte, contribuía a los sentimientos del prisionero. A veces era preciso tomar decisiones precipitadas que, sin embargo, podían significar la vida o la muerte. El prisionero hubiera preferido dejar que el destino eligiera por él. Este querer zafarse del compromiso se hacía más patente cuando el prisionero debía decidir entre escaparse o no escaparse del campo. En aquellos minutos en que tenía que reflexionar y decidir —y siempre era cuestión de unos minutos— sufría todas las torturas del infierno. ¿Debía intentar escaparse? ¿Debía correr el riesgo? También yo experimenté este tormento. Al irse acercando el frente de batalla, tuve la oportunidad de escaparme. Un colega mío que visitaba los barracones fuera del campo cumpliendo sus deberes profesionales quería evadirse y llevarme con él. Me sacaría de contrabando con el pretexto de que tenía que consultar con un colega acerca de la enfermedad de un paciente que requería el asesoramiento del especialista. Una vez fuera del campo, un miembro del movimiento de resistencia extranjero nos proporcionaría uniformes y alimentos. En el último instante surgieron ciertas dificultades técnicas y tuvimos que regresar al campo una vez más. Aquella oportunidad nos sirvió para surtirnos de algunas provisiones, unas cuantas patatas podridas, y hacernos cada uno con una mochila. Entramos en un barracón vacío de la sección de mujeres, donde no había nadie porque éstas habían sido enviadas a otro campo. El barracón estaba en el mayor de los desórdenes: resultaba obvio que muchas mujeres habían conseguido víveres y se habían escapado. Por todas partes había desperdicios, pajas, alimentos descompuestos y loza rota. Algunos tazones estaban todavía en buen estado y nos hubieran servido de mucho, pero decidimos dejarlos. Sabíamos demasiado bien que, en la última época, en que la situación era cada vez más desesperada, los tazones no sólo se utilizaban para comer, sino también como palanganas y orinales. (Regía una norma de cumplimiento estrictamente obligatorio que prohibía tener cualquier tipo de utensilio en el barracón, pero muchos prisioneros se vieron forzados a incumplir esta regla, en especial los afectados de tifus, que estaban demasiado débiles para salir fuera del chamizo ni aun ayudándoles.) Mientras yo hacía de pantalla, mi amigo entró en el barracón y al poco volvió trayendo una mochila bajo su chaqueta. Dentro había visto otra que yo tenía que coger. Así que cambiamos los puestos y entré yo. Al escarbar entre la basura buscando la mochila y, si podía, un cepillo de dientes vi, de pronto, entre tantas cosas abandonadas, el cadáver de una mujer.

Volví corriendo a mi barracón y reuní todas mis posesiones: mi cuenco, un par de mitones rotos, "heredados" de un paciente muerto de tifus, y unos cuantos recortes de papel con signos taquigráficos (en los que, como ya he mencionado antes, había empezado a reconstruir el manuscrito que perdí en Auschwitz). Pasé una última visita rápida a todos mis pacientes que, hacinados, yacían sobre tablones podridos a ambos lados del barracón. Me acerqué a un paisano mío, ya casi medio muerto, y cuya vida yo me empeñaba en salvar a pesar de su situación. Tenía que guardar secreto sobre mi intención de escapar, pero mi camarada pareció adivinar que algo iba mal (tal vez yo estaba un poco nervioso). Con la voz cansada me preguntó: "¿Te vas tú también?" Yo lo negué, pero me resultaba muy difícil evitar su triste mirada. Tras mi ronda volví a verle. Y otra vez sentí su mirada desesperada y sentí como una especie de acusación. Y se agudizó en mí la desagradable sensación que me oprimía desde el mismo momento en que le dije a mi amigo que me escaparía con él. De pronto decidí, por una vez, mandar en mi destino. Salí corriendo del barracón y le dije a mi amigo que no podía irme con él. Tan pronto como le dije que había tomado la resolución de quedarme con mis pacientes, aquel sentimiento de desdicha me abandonó. No sabía lo que me traerían los días sucesivos, pero yo había ganado una paz interior como nunca antes había experimentado. Volví al barracón, me senté en los tablones a los pies de mi paisano y traté de consolarle; después charlé con los demás intentando calmarlos en su delirio.

Y llegó el último día que pasamos en el campo. Según se acercaba el frente, los transportes se habían ido llevando a casi todos los prisioneros a otros campos. Las autoridades, los "capos" y los cocineros se habían esfumado. Aquel día se dio la orden de que el campo iba a ser totalmente evacuado al atardecer. Incluso los pocos prisioneros que quedaban (los enfermos, unos cuantos médicos y algunos "enfermeros") tendrían que marcharse. Por la noche había que prenderle fuego al campo. Por la tarde aún no habían aparecido los camiones que vendrían a recoger a los enfermos. Todo lo contario; de pronto se cerraron las puertas del campo y se empezó a ejercer una vigilancia estrecha sobre la alambrada, para evitar cualquier intento de fuga. Parecía como si hubieran condenado a los prisioneros que quedaban a quemarse con el campo. Por segunda vez, mi amigo y yo decidimos escapar. Nos dieron la orden de enterrar a tres hombres al otro lado de la alambrada. Éramos los únicos que teníamos fuerzas suficientes para realizar aquella tarea. Casi todos los demás yacían en los pocos barracones que aún se utilizaban, postrados con fiebre y delirando. Hicimos nuestros planes: cuando lleváramos el primer cadáver sacaríamos la mochila de mi amigo ocultándola en la vieja tina de ropa sucia que hacía las veces de ataúd; con el segundo cadáver llevaríamos mi mochila del mismo modo y en el tercer viaje trataríamos de evadirnos. Los dos primeros viajes los hicimos según lo acordado. Cuando regresamos, esperé a que mi amigo buscara un trozo de pan para poder comer algo los días que pasáramos en los bosques. Esperé. Pasaban los minutos y yo me impacientaba cada vez más al ver que no regresaba. Después de tres años de reclusión, me imaginaba con gozo cómo sería la libertad, pensaba en lo maravilloso que sería correr en dirección al frente. Más tarde supe lo peligroso que hubiera sido semejante acción. Pero no llegamos tan lejos. En el momento en que mi amigo regresaba, la verja del campo se abrió de pronto y un camión espléndido, de color aluminio y con grandes cruces rojas pintadas entró despacio hasta la explanada donde formábamos. En él venía un delegado de la Cruz Roja de Ginebra y el campo y los últimos internados quedaron bajo su protección. El delegado se alojaba en una granja vecina para estar cerca del campo en todo momento y acudir en seguida en caso de emergencia. ¿Quién pensaba ya en evadirse? Del camión descargaban cajas con medicinas, se distribuían cigarrillos, nos fotografiaban y la alegría era inmensa. Ya no teníamos necesidad de salir corriendo ni de arriesgarnos hasta llegar al frente de batalla.

En nuestra excitación habíamos olvidado el tercer cadáver, así que lo sacamos afuera y lo dejamos caer en la estrecha fosa que habíamos cavado para los tres cuerpos. El guardia que nos acompañaba —un hombre relativamente inofensivo— se volvió de pronto extremadamente amable. Vio que podían volverse las tornas y trató de ganarse nuestro favor: se unió a las breves oraciones que ofrecimos a los muertos antes de echar la tierra sobre ellos. Tras la tensión y la excitación de los días y horas pasados, las palabras de nuestras oraciones rogando por la paz fueron tan fervientes como las más ardorosas que voz humana haya musitado nunca.

El último día que pasamos en el campo fue como un anticipo de la libertad. Pero nuestro regocijo fue prematuro. El delegado de la Cruz Roja nos aseguró que se había firmado un acuerdo y que no se iba a evacuar el campo; sin embargo, aquella noche llegaron los camiones de las SS trayendo orden de despejar el campo. Los últimos prisioneros que quedaban serían enviados a un campo central desde donde se les remitiría a Suiza en 48 horas para canjearlos por prisioneros de guerra. Apenas podíamos reconocer a los SS, de tan amables como se mostraban intentando persuadirnos para que entráramos en los camiones sin miedo y asegurándonos que podíamos felicitarnos por nuestra buena suerte. Los que todavía tenían fuerzas se amontonaron en los camiones y a los que estaban seriamente enfermos o muy débiles les izaban con dificultad. Mi amigo y yo —que ya no escondíamos nuestras mochilas— estábamos en el último grupo y de él eligieron a trece para la última expedición. El médico jefe contó el número preciso, pero nosotros dos no estábamos entre ellos. Los trece subieron al camión y nosotros tuvimos que quedarnos. Sorprendidos, desilusionados y enfadados increpamos al doctor, que se excusó diciendo que estaba muy fatigado y se había distraído. Aseguró que había creído que todavía teníamos intención de evadirnos. Nos sentamos impacientes, con nuestras mochilas a la espalda, y esperamos con el resto de los prisioneros a que viniera un último camión. Fue una larga espera. Finalmente, nos echamos sobre los colchones del cuarto de guardia, ahora desierto, exhaustos por la excitación de las últimas horas y días, durante las cuales habíamos fluctuado continuamente entre la esperanza y la desesperación. Dormimos con la ropa y los zapatos puestos, listos para el viaje.

El estruendo de los rifles y cañones nos despertó. Los fogonazos de las bengalas y los disparos de fusil iluminaban el barracón. El médico jefe se precipitó dentro ordenándonos que nos echáramos a tierra. Un prisionero saltó sobre mi estómago desde la litera que quedaba encima de la mía con zapatos y todo. ¡Vaya si me despertó! Entonces nos dimos cuenta de lo que sucedía: ¡la línea de fuego había llegado hasta nosotros! Amenguó el tiroteo y empezó a amanecer. Allá afuera, en el mástil junto a la verja del campo, una bandera blanca flotaba al viento. Hasta muchas semanas después no nos enteramos de que, durante aquellas horas, el destino había jugado con los pocos prisioneros que quedábamos en el campo. Otra vez más pudimos comprobar cuán inciertas podían ser las decisiones humanas, especialmente en lo que se refiere a las cosas de la vida y la muerte. Ante mí tenía las fotografías que se habían tomado en un pequeño campo cercano al nuestro. Nuestros amigos que pensaron viajar hacia la libertad aquella noche, transportados en los camiones, fueron encerrados en los barracones y seguidamente murieron abrasados. Sus cuerpos, parcialmente carbonizados, eran perfectamente reconocibles en la fotografía. Yo pensé de nuevo en el cuento de *Muerte en Teherán*.

Irritabilidad

Aparte de su función como mecanismo de defensa, la apatía de los prisioneros era también el resultado de otros factores. El hambre y la falta de sueño contribuían a ella (al igual que ocurre en la vida normal), así como la irritabilidad en general, que era otra de las características del estado mental de los prisioneros. La falta de sueño se debía en parte a la invasión de toda suerte de bichos molestos que, debido a la falta de higiene y atención sanitaria, infectaban los barracones tan terriblemente superpoblados. El hecho de que no tomáramos ni una pizca de nicotina o cafeína contribuía igualmente a nuestro estado de apatía e irritabilidad.

Además de estas causas físicas, estaban también las mentales, en forma de ciertos complejos. La mayoría de los prisioneros sufrían de algún tipo de complejo de inferioridad. Todos nosotros habíamos creído alguna vez que éramos "alguien" o al menos lo habíamos imaginado. Pero ahora nos trataban como si no fuéramos nadie, como si no existiéramos. (La conciencia del amor propio está tan profundamente arraigada en las cosas más elevadas y más espirituales, que no puede arrancarse ni viviendo en un campo de concentración. ¿Pero cuántos hombres libres, por no hablar de los prisioneros, lo poseen?) Sin mencionarlo, lo cierto es que el prisionero medio se sentía terriblemente degradado. Esto se hacía obvio al observar el contraste que ofrecía la singular estructura sociológica del campo. Los prisioneros más "prominentes", los "capos", los cocineros, los intendentes, los policías del campo no se sentían, por lo general, degradados en modo alguno, como se consideraban la mayoría de los prisioneros, sino que al contrario se consideraban ¡promovidos! Algunos incluso alimentaban mínimas ilusiones de grandeza. La reacción mental de la mayoría, envidiosa y quejosa, hacia esta minoría favorecida se ponía de manifiesto de muchas maneras, a veces en forma de chistes. Por ejemplo, una vez oí a un prisionero hablarle a otro sobre un "Capo" y decirle: "¡Figúrate! Conocí a ese hombre cuando sólo era presidente de un gran banco. Ahora, el cargo de "capo" se le ha subido a la cabeza."

Siempre que la mayoría degradada y la minoría promovida entraban en conflicto (y eran muchas las oportunidades de que tal sucediera, empezando por el reparto de la comida) los resultados eran explosivos. De suerte que la irritabilidad general (cuyas causas físicas se analizaron antes) se hacía más intensa cuando se le añadían estas tensiones mentales. Nada tiene de sorprendente que la tensión abocara en una lucha abierta. Dado que el prisionero observaba a diario escenas de golpes, su impulso hacia la violencia había aumentado. Yo sentía también que cerraba los puños y que la rabia me invadía cuando tenía hambre y cansancio. Y el cansancio era mi estado normal, ya que durante toda la noche teníamos que cebar la estufa, que nos permitían tener en el barracón a causa de los enfermos de tifus. No obstante, algunas de las horas más idílicas que he pasado en mi vida ocurrieron en medio de la noche cuando todos los demás deliraban o dormían y yo podía extenderme frente a la estufa y asar unas cuantas patatas robadas en un fuego alimentado con el carbón que sustraíamos. Pero al día siguiente me sentía todavía más cansado, insensible e irritable.

Mientras trabajé como médico en el pabellón de los enfermos de tifus, tuve que ocupar también el puesto de jefe del mismo, lo que quería decir que ante las autoridades del campo era responsable de su limpieza (si es que se puede utilizar el término limpieza para describir aquella condición). El pretexto de la inspección a la que con frecuencia nos sometían era más con ánimo de torturarnos que por motivos de higiene. Mayor cantidad de alimentos y unas cuantas medicinas nos hubieran ayudado más, pero la única preocupación de los inspectores consistía en ver si en el centro del pasillo había una brizna de paja o si las mantas sucias, hechas andrajos e infectadas de piojos estaban bien plegadas y remetidas a los pies de los pacientes. El destino de los prisioneros no les preocupaba en absoluto. Si yo me presentaba marcialmente con mi rapada cabeza descubierta y chocando los talones informaba: "Barracón número VI/9; 52 pacientes, dos enfermeros ayudantes y un médico", se sentían satisfechos. A renglón seguido se marchaban. Pero hasta que llegaban —solían anunciar su visita con muchas horas de antelación y muchas veces ni siquiera venían— me veía obligado a mantener bien estiradas las mantas, a recoger todas las motas de paja que caían de làs literas y a gritar a los pobres diablos que se revolvían en sus catres, amenazando con desbaratar mis esfuerzos para conseguir la limpieza y pulcritud requeridas. La apatía crecía sobre todo entre los pacientes febriles, de suerte que no reaccionaban a nada si no se les gritaba. A veces fallaban incluso los gritos y ello exigía un tremendo esfuerzo de autocontrol para no golpearlos. La propia irritabilidad personal adquiría proporciones inauditas cuando chocaba con la apatía de otro, especialmente en los casos de peligro (por ejemplo, cuando se avecinaba una inspección) que tenían su origen en ella.

La libertad interior

Tras este intento de presentación psicológica y explicación psicopatológica de las características típicas del recluido en un campo de concentración, se podría sacar la impresión de que el ser humano es alguien completa e inevitablemente influido por su entorno y (entendiéndose por entorno en este caso la singular estructura del campo de concentración, que obligaba al prisionero a adecuar su conducta a un determinado conjunto de pautas). Pero, ¿y qué decir de la libertad humana? ¿No hay una libertad espiritual con respecto a la conducta y a la reacción ante un entorno dado? ¿Es cierta la teoría que nos enseña que el hombre no es más que el producto de muchos factores ambientales condicionantes, sean de naturaleza biológica, psicológica o sociológica? ¿El hombre es sólo un producto accidental de dichos factores? Y, lo que es más importante, ¿las reacciones de los prisioneros ante el mundo singular de un campo de concentración, son una prueba de que el hombre no puede escapar a la influencia de lo que le rodea? ¿Es que frente a tales circunstancias no tiene posibilidad de elección?

Podemos contestar a todas estas preguntas en base a la experiencia y también con arreglo a los principios. Las experiencias de la vida en un campo demuestran que el hombre tiene capacidad de elección. Los ejemplos son abundantes, algunos heroicos, los cuales prueban que puede vencerse la apatía, eliminarse la irritabilidad. El hombre *puede* conservar un vestigio de la libertad espiritual, de independencia mental, incluso en las terribles circunstancias de tensión psíquica y física.

Los que estuvimos en campos de concentración recordamos a los hombres que iban de barracón en barracón consolando a los demás, dándoles el último trozo de pan que les quedaba. Puede que fueran pocos en número, pero ofrecían pruebas suficientes de que al hombre se le puede arrebatar todo salvo una cosa: *la última de las libertades humanas —la elección de la actitud personal ante un conjunto de circunstancias— para decidir su propio camino.*

Y allí, siempre había ocasiones para elegir. A diario, a todas horas, se ofrecía la oportunidad de tomar una decisión, decisión que determinaba si uno se sometería o no a las fuerzas que amenazaban con arrebatarle su yo más íntimo, la libertad interna; que determinaban si uno iba o no iba a ser el juguete de las circunstancias, renunciando a la libertad y a la dignidad, para dejarse moldear hasta convertirse en un recluso típico.

Visto desde este ángulo, las reacciones mentales de los internados en un campo de concentración deben parecernos la simple expresión de determinadas condiciones físicas y sociológicas. Aun cuando condiciones tales como la falta de sueño, la alimentación insuficiente y las diversas tensiones mentales pueden llevar a creer que los reclusos se veían obligados a reaccionar de cierto modo, en un análisis último se hace patente que el tipo de persona en que se convertía un prisionero era el resultado de una decisión íntima y no únicamente producto de la influencia del campo. Fundamentalmente, pues, cualquier hombre podía, incluso bajo tales circunstancias, decidir lo que sería de él —mental y espiritualmente—, pues aún en un campo de concentración puede conservar su dignidad humana. Dostoyevski dijo en una ocasión: "Sólo temo una cosa: no ser digno de mis sufrimientos" y estas palabras retornaban una y otra vez a mi mente cuando conocí a aquellos mártires cuya conducta en el campo, cuyo sufrimiento y muerte, testimoniaban el hecho de que la libertad íntima nunca se pierde. Puede decirse que fueron dignos de sus sufrimientos y la forma en que los soportaron fue un logro interior genuino. *Es esta libertad espiritual, que no se nos puede arrebatar, lo que hace que la vida tenga sentido y propósito.*

Una vida activa sirve a la intencionalidad de dar al hombre una oportunidad para comprender sus méritos en la labor creativa, mientras que una vida pasiva de simple goce le ofrece la oportunidad de obtener la plenitud experimentando la belleza, el arte o la naturaleza. Pero también es positiva la vida que está casi vacía tanto de creación como de gozo y que admite una sola posibilidad de conducta; a saber, la actitud del hombre hacia su existencia, una existencia restringida por fuerzas que le son ajenas. A este hombre le están prohibidas tanto la vida creativa como la existencia de goce, pero no sólo son significativas la creatividad y el goce; todos los aspectos de la vida son igualmente significativos, de modo que el sufrimiento tiene que serlo también. El sufrimiento es un aspecto de la vida que no puede erradicarse, como no pueden apartarse el destino o la muerte. Sin todos ellos la vida no es completa.

La máxima preocupación de los prisioneros se resumía en una pregunta: ¿Sobreviviremos al campo de concentración? De lo contrario, todos estos sufrimientos carecerían de sentido. La pregunta que a mí, personalmente, me angustiaba era esta otra: ¿Tiene algún sentido todo este sufrimiento, todas estas muertes? Si carecen de sentido, entonces tampoco lo tiene sobrevivir al internamiento. Una vida cuyo último y único sentido consistiera en superarla o sucumbir, una vida, por tanto, cuyo sentido dependiera, en última instancia, de la casualidad no merecería en absoluto la pena de ser vivida.

El destino, un regalo

El modo en que un hombre acepta su destino y todo el sufrimiento que éste conlleva, la forma en que carga con su cruz, le da mu-

chas oportunidades —incluso bajo las circunstancias más difíciles—
para añadir a su vida un sentido más profundo. Puede conservar su
valor, su dignidad, su generosidad. O bien, en la dura lucha por la supervivencia, puede olvidar su dignidad humana y ser poco más que un
animal, tal como nos ha recordado la psicología del prisionero en un
campo de concentración. Aquí reside la oportunidad que el hombre
tiene de aprovechar o de dejar pasar las ocasiones de alcanzar los
méritos que una situación difícil puede proporcionarle. Y lo que decide si es merecedor de sus sufrimientos o no lo es.

No piensen que estas consideraciones son vanas o están muy alejadas de la vida real. Es verdad que sólo unas cuantas personas son capaces de alcanzar metas tan altas. De los prisioneros, solamente unos
pocos conservaron su libertad sin menoscabo y consiguieron los méritos que les brindaba su sufrimiento, pero aunque sea sólo uno el ejemplo, es prueba suficiente de que la fortaleza íntima del hombre puede
elevarle por encima de su adverso sino. Y estos hombres no están únicamente en los campos de concentración. Por doquier, el hombre se
enfrenta a su destino y tiene siempre oportunidad de conseguir algo
por vía del sufrimiento. Piénsese en el destino de los enfermos, especialmente de los enfermos incurables. En una ocasión, leí la carta es-
crita por un joven inválido, en la que a un amigo le decía que acababa
de saber que no viviría mucho tiempo y que ni siquiera una operación
podría aliviarle su sufrimiento. Continuaba su carta diciendo que se
acordaba de haber visto una película sobre un hombre que esperaba su
muerte con valor y dignidad. Aquel muchacho pensó entonces que era
una gran victoria enfrentarse de este modo a la muerte y ahora —escribía— el destino le brindaba a él una oportunidad similar.

Los que hace unos años vimos la película *Resurrección* —según la
novela de Tolstoi— no hubiéramos pensado nunca en un primer momento que en ella se daban cita grandes destinos y grandes hombres.
En nuestro mundo no se daban tales situaciones por lo que no había
nunca oportunidad de alcanzar tamaña grandeza... Al salir del cine
fuimos al café más próximo, y, junto a una taza de café y un bocadillo,
nos olvidamos de los extraños pensamientos metafísicos que por un
momento habían cruzado por nuestras mentes. Pero cuando también
nosotros nos vimos confrontados con un destino más grande e hicimos frente a la decisión de superarlo con igual grandeza espiritual, ha-

bíamos olvidado ya nuestras resoluciones juveniles, tan lejanas, y no dimos la talla.

Quizás para algunos de nosotros llegue un día en que veamos otra vez aquella película u otra análoga. Pero para entonces otras muchas películas habrán pasado simultáneamente ante nuestros ojos del alma; visiones de gentes que alcanzaron en sus vidas metas más altas de las que puede mostrar una película sentimental. Algunos detalles, de una muy especial e íntima grandeza humana, acuden a mi mente; como la muerte de aquella joven de la que yo fui testigo en un campo de concentración. Es una historia sencilla; tiene poco que contar, y tal vez pueda parecer invención, pero a mí me suena como un poema.

Esta joven sabía que iba a morir a los pocos días; a pesar de ello, cuando yo hablé con ella estaba muy animada.

"Estoy muy satisfecha de que el destino se haya cebado en mí con tanta fuerza", me dijo. "En mi vida anterior yo era una niña malcriada y no cumplía en serio con mis deberes espirituales." Señalando a la ventana del barracón me dijo: "Aquel árbol es el único amigo que tengo en esta soledad." A través de la ventana podía ver justamente la rama de un castaño y en aquella rama había dos brotes de capullos. "Muchas veces hablo con el árbol", me dijo.

Yo estaba atónito y no sabía cómo tomar sus palabras. ¿Deliraba? ¿Sufría alucinaciones? Ansiosamente le pregunté si el árbol le contestaba.

"Sí" ¿Y qué le decía? Respondió: "Me dice: 'Estoy aquí, estoy aquí, yo soy la vida, la vida eterna.' "

Análisis de la existencia provisional

Ya hemos dicho que, en última instancia, los responsables del estado de ánimo más íntimo del prisionero no eran tanto las causas psicológicas ya enumeradas cuanto el resultado de su libre decisión. La observación psicológica de los prisioneros ha demostrado que únicamente los hombres que permitían que se debilitara su interno sostén moral y espiritual caían víctimas de las influencias degenerantes del campo. Y aquí se suscita la pregunta acerca de lo que podría o debería haber constituido este "sostén interno".

Al relatar o escribir sus experiencias, todos los que pasaron por la experiencia de un campo de concentración concuerdan en señalar que la influencia más deprimente de todas era que el recluso no supiera cuánto tiempo iba a durar su encarcelamiento. Nadie le dio nunca una fecha para su liberación (en nuestro campo ni siquiera tenía sentido hablar de ello). En realidad, la duración no era sólo incierta, sino ilimitada. Un renombrado investigador psicológico manifestó en cierta ocasión que la vida en un campo de concentración podría denominarse "existencia provisional". Nosotros completaríamos la definición diciendo que es "una existencia provisional cuya duración se desconoce".

Por regla general, los recién llegados no sabían nada de las condiciones de un campo. Los que venían de otros campos se veían obligados a guardar silencio y, de algunos campos, nadie regresó. Al entrar en él, las mentes de los prisioneros sufrían un cambio. Con el fin de la incertidumbre venía la incertidumbre del fin. Era imposible prever cuándo y cómo terminaría aquella existencia, caso de tener fin. El vocablo latino *finis* tiene dos significados: final y meta a alcanzar. El hombre que no podía ver el fin de su "existencia provisional", tampoco podía aspirar a una meta última en la vida. Cesaba de vivir para el futuro en contraste con el hombre normal. Por consiguiente cambiaba toda la estructura de su vida íntima. Aparecían otros signos de decadencia como los que conocemos de otros aspectos de la vida. El obrero parado, por ejemplo, está en una posición similar. Su existencia es provisional en ese momento y, en cierto sentido, no puede vivir para el futuro ni marcarse una meta. Trabajos de investigación realizados sobre los mineros parados han demostrado que sufren de una particular deformación del tiempo —el tiempo íntimo— que es resultado de su condición de parados. También los prisioneros sufrían de esta extraña "experiencia del tiempo". En el campo, una unidad de tiempo pequeña, un día, por ejemplo, repleto de continuas torturas y de fatiga, parecía no tener fin, mientras que una unidad de tiempo mayor, quizás una semana, parecía transcurrir con mucha rapidez. Mis camaradas concordaron conmigo cuando dije que en el campo el día duraba más que la semana. ¡Cuán paradójica era nuestra experiencia del tiempo! A este respecto me viene el recuerdo de *La Montaña Mágica,* de Thomas Mann, que contiene unas cuantas observaciones psicológicas muy atinadas. Mann estudia la evolución espiritual de personas que están en condiciones psicológicas semejantes; es decir, los enfermos de tuberculosis en un sanatorio, quienes tampoco conocen la fecha en que les darán de alta; experimentan una existencia similar, sin ningún futuro, sin ninguna meta.

Uno de los prisioneros, que a su llegada marchaba en una larga columna de nuevos reclusos desde la estación al campo, me dijo más tarde que había sentido como si estuviera desfilando en su propio funeral. Le parecía que su vida no tenía ya futuro y contemplaba todo como algo que ya había pasado, como si ya estuviera muerto. Este sentimiento de falta de vida, de un "cadáver viviente" se intensificaba por otras causas. Mientras que, en cuanto al tiempo, lo que se experimentaba de forma más aguda era la duración ilimitada del período de reclusión, en cuanto al espacio eran los estrechos límites de la prisión. Todo lo que estuviera al otro lado de la alambrada se antojaba remoto, fuera del alcance y, de alguna forma, irreal. Lo que sucedía afuera, la gente de allá, todo lo que era vida normal, adquiría para el prisionero un aspecto fantasmal. La vida afuera, al menos hasta donde él podía verla, le parecía casi como lo que podría ver un hombre ya muerto que se asomara desde el otro mundo.

El hombre que se dejaba vencer porque no podía ver ninguna meta futura, se ocupaba en pensamientos retrospectivos. En otro contexto hemos hablado ya de la tendencia a mirar al pasado como una forma de contribuir a apaciguar el presente y todos sus horrores haciéndolo menos real. Pero despojar al presente de su realidad entrañaba ciertos riesgos. Resultaba fácil desentenderse de las posibilidades de hacer algo positivo en el campo y esas oportunidades existían de verdad. Ese ver nuestra "existencia provisional" como algo irreal constituía un factor importante en el hecho de que los prisioneros perdieran su dominio de la vida; en cierto sentido todo parecería sin objeto. Tales personas olvidaban que muchas veces es precisamente una situación externa excepcionalmente difícil lo que da al hombre la oportunidad de crecer espiritualmente más allá de sí mismo. En vez de aceptar las dificultades del campo como una manera de probar su fuerza interior, no toman su vida en serio y la desdeñan como algo inconsecuente. Prefieren cerrar los ojos y vivir en el pasado. Para estas personas la vida no tiene ningún sentido.

Claro está que sólo unos pocos son capaces de alcanzar cimas espirituales elevadas. Pero esos pocos tuvieron una oportunidad de llegar a la grandeza humana aun cuando fuera a través de su aparente fracaso y de su muerte, hazaña que en circunstancias ordinarias nunca hubieran alcanzado. A los demás de nosotros, al mediocre y al indiferente, se les podrían aplicar las palabras de Bismarck: "La vida es como visitar al dentista. Se piensa siempre que lo peor está por venir, cuando en realidad ya ha pasado." Parafraseando este pensamiento, podríamos decir que muchos de los prisioneros del campo de concentración creyeron que la oportunidad de vivir ya les había pasado y, sin embargo, la realidad es que representó una oportunidad y un desafío: que o bien se puede convertir la experiencia en victorias, la vida en un triunfo interno, o bien se puede ignorar el desafío y limitarse a vegetar como hicieron la mayoría de los prisioneros.

Spinoza, educador

Cualquier tentativa de combatir la influencia psicopatológica que el campo ejercía sobre el prisionero mediante la psicoterapia o los métodos psicohigiénicos debía alcanzar el objetivo de conferirle una fortaleza interior, señalándole una meta futura hacia la que poder volverse. De forma instintiva, algunos prisioneros trataban de encontrar una meta propia. El hombre tiene la peculiaridad de que no puede vivir si no mira al futuro: *sub specie aeternitatis*. Y esto constituye su salvación en los momentos más difíciles de su existencia, aun cuando a veces tenga que aplicarse a la tarea con sus cinco sentidos. Por lo que a mí respecta, lo sé por experiencia propia. Al borde del llanto a causa del tremendo dolor (tenía llagas terribles en los pies debido a mis zapatos gastados) recorrí con la larga columna de hombres los kilómetros que separaban el campo del lugar de trabajo. El viento gélido nos abatía. Yo iba pensando en los pequeños problemas sin solución de nuestra miserable existencia. ¿Qué cenaríamos aquella noche? ¿Si como extra nos dieran un trozo de salchicha, convendría cambiarla por un pedazo de pan? ¿Debía comerciar con el último cigarrillo que me quedaba de un bono que obtuve hacía quince días y cambiarlo por un tazón de sopa? ¿Cómo podría hacerme con un trozo de alambre para reemplazar el fragmento que me servía como cordón de los zapatos? ¿Llegaría al lugar de trabajo a tiempo para unirme al pelotón de costumbre o tendría que acoplarme a otro cuyo capataz tal vez fuera más brutal? ¿Qué podía hacer para estar en buenas relaciones con un "capo" determinado que podría ayudarme a conseguir trabajo en el campo en vez de tener que emprender a diario aquella dolorosa caminata?

Estaba disgustado con la marcha de los asuntos que continuamente me obligaban a ocuparme sólo de aquellas cosas tan triviales. Me obligué a pensar en otras cosas. De pronto me vi de pie en la plataforma de un salón de conferencias bien iluminado, agradable y caliente. Frente a mí tenía un auditorio atento, sentado en cómodas butacas tapizadas. ¡Yo daba una conferencia sobre la psicología de un campo de concentración! Visto y descrito desde la mira distante de la ciencia, todo lo que me oprimía hasta ese momento se objetivaba. Mediante este método, logré cierto éxito, conseguí distanciarme de la situación, pasar por encima de los sufrimientos del momento y observarlos como si ya hubieran transcurrido y tanto yo mismo como mis dificultades se convirtieron en el objeto de un estudio psicocientífico muy interesante que yo mismo he realizado. ¿Qué dice Spinoza en su *Ética*?. "*Affectus, qui passio est, desinit esse passio simulatque eius claram et distinctam formamus ideam.* La emoción, que constituye sufrimiento, deja de serlo tan pronto como nos formamos una idea clara y precisa del mismo." (*Ética*, 5ª parte, "Sobre el poder del espíritu o la libertad humana", frase III).

El prisionero que perdía la fe en el futuro —en su futuro— estaba condenado. Con la pérdida de la fe en el futuro perdía, asimismo, su sostén espiritual; se abandonaba y decaía y se convertía en el sujeto del aniquilamiento físico y mental. Por regla general, éste se producía de pronto, en forma de crisis, cuyos síntomas eran familiares al recluso con experiencia en el campo. Todos temíamos este momento no ya por nosotros, lo que no hubiera tenido importancia, sino por nuestros amigos. Solía comenzar cuando una mañana el prisionero se negaba a vestirse y a lavarse o a salir fuera del barracón. Ni las súplicas, ni los golpes, ni las amenazas surtían ningún efecto. Se limitaba a quedarse allí, sin apenas moverse. Si la crisis desembocaba en enfermedad, se oponía a que lo llevaran a la enfermería o hacer cualquier cosa por ayudarse. Sencillamente se entregaba. Y allí se quedaba tendido sobre sus propios excrementos sin importarle nada.

Una vez presencié una dramática demostración del estrecho nexo entre la pérdida de la fe en el futuro y su consiguiente final. F., el jefe de mi barracón, compositor y libretista bastante famoso, me confió un día:

"Me gustaría contarle algo, doctor. He tenido un sueño extraño. Una voz me decía que deseara lo que quisiera, que lo único que tenía que hacer era decir lo que quería saber y todas mis preguntas tendrían respuesta. ¿Quiere saber lo que le pregunté? Que me gustaría conocer cuándo terminaría para mí la guerra. Ya sabe lo que quiero decir, doctor, ¡para mí! Quería saber cuándo seríamos liberados nosotros, nuestro campo, y cuándo tocarían a su fin nuestros sufrimientos."
"¿Y cuándo tuvo usted ese sueño?", le pregunté.

"En febrero de 1945", contestó. Por entonces estábamos a principios de marzo.

"¿Y qué le contestó la voz?"
Furtivamente me susurró:
"El treinta de marzo."

Cuando F. me habló de aquel sueño todavía estaba rebosante de esperanza y convencido de que la voz de su sueño no se equivocaba. Pero al acercarse el día señalado, las noticias sobre la evolución de la guerra que llegaban a nuestro campo no hacían suponer la probabilidad de que nos liberaran en la fecha prometida. El 29 de marzo y de repente F. cayó enfermo con una fiebre muy alta. El día 30 de marzo, el día que la profecía le había dicho que la guerra y el sufrimiento terminarían para él, cayó en un estado de delirio y perdió la conciencia. El día 31 de marzo falleció. Según todas las apariencias murió de tifus.

Los que conocen la estrecha relación que existe entre el estado de ánimo de una persona —su valor y sus esperanzas, o la falta de ambos— y la capacidad de su cuerpo para conservarse inmune, saben también que si repentinamente pierde la esperanza y el valor, ello puede ocasionarle la muerte. La causa última de la muerte de mi amigo fue que la esperada liberación no se produjo y esto le desilusionó totalmente; de pronto, su cuerpo perdió resistencia contra la infección tifoidea latente. Su fe en el futuro y su voluntad de vivir se paralizaron y su cuerpo fue presa de la enfermedad, de suerte que sus sueños se hicieron finalmente realidad.

Las observaciones sobre este caso y la conclusión que de ellas puede extraerse concuerdan con algo sobre lo que el médico jefe del campo me llamó la atención: la tasa de mortandad semanal en el campo aumentó por encima de todo lo previsto desde las Navidades de 1944 al Año Nuevo de 1945. A su entender, la explicación de este aumento no estaba en el empeoramiento de nuestras condiciones de trabajo, ni en una disminución de la ración alimenticia, ni en un cambio climatológico, ni en el brote de nuevas epidemias. Se trataba simplemente de que la mayoría de los prisioneros había abrigado la ingenua ilusión de que para Navidad les liberarían. Según se iba acercando la fecha sin que se produjera ninguna noticia alentadora, los prisioneros perdieron su valor y les venció el desaliento. Como ya dijimos antes, cualquier intento de restablecer la fortaleza interna del recluso bajo las condiciones de un campo de concentración pasa antes que nada por el acierto en mostrarle una meta futura. Las palabras de Nietzsche: "Quien tiene algo *por qué* vivir, es capaz de soportar cualquier *cómo*" pudieran ser la motivación que guía todas las acciones psicoterapéuticas y psicohigiénicas con respecto a los prisioneros. Siempre que se presentaba la oportunidad, era preciso inculcarles un *porqué* —una meta— de su vivir, a fin de endurecerles para soportar el terrible *cómo* de su existencia. Desgraciado de aquel que no viera ningún sentido en su vida, ninguna meta, ninguna intencionalidad y, por tanto, ninguna finalidad en vivirla, ése estaba perdido. La respuesta típica que solía dar este hombre a cualquier razonamiento que tratara de animarle, era: "Ya no espero nada de la vida." ¿Qué respuesta podemos dar a estas palabras?

La pregunta por el sentido de la vida

Lo que de verdad necesitamos es un cambio radical en nuestra actitud hacia la vida. Tenemos que aprender por nosotros mismos y, después, enseñar a los desesperados que *en realidad no importa que no esperemos nada de la vida, sino si la vida espera algo de nosotros.* Tenemos que dejar de hacernos preguntas sobre el significado de la vida y, en vez de ello, pensar en nosotros como en seres a quienes la vida les inquiriera continua e incesantemente. Nuestra contestación tiene que estar hecha no de palabras ni tampoco de meditación, sino de una conducta y una actuación rectas. En última instancia, vivir significa asumir la responsabilidad de encontrar la respuesta correcta a los problemas que ello plantea y cumplir las tareas que la vida asigna continuamente a cada individuo.

Dichas tareas y, consecuentemente, el significado de la vida, difieren de un hombre a otro, de un momento a otro, de modo que resulta completamente imposible definir el significado de la vida en términos generales. Nunca se podrá dar respuesta a las preguntas relativas al sentido de la vida con argumentos especiosos. "Vida" no significa algo vago, sino algo muy real y concreto, que configura el destino de cada hombre, distinto y único en cada caso. Ningún hombre ni ningún destino pueden compararse a otro hombre o a otro destino. Ninguna situación se repite y cada una exige una respuesta distinta; unas veces la situación en que un hombre se encuentra puede exigirle que emprenda algún tipo de acción; otras, puede resultar más ventajoso aprovecharla para meditar y sacar las consecuencias pertinentes. Y, a veces, lo que se exige al hombre puede ser simplemente aceptar su destino y cargar con su cruz. Cada situación se diferencia por su unicidad y en todo momento no hay más que una única respuesta correcta al problema que la situación plantea.

Cuando un hombre descubre que su destino es sufrir, ha de aceptar dicho sufrimiento, pues ésa es su sola y única tarea. Ha de reconocer el hecho de que, incluso sufriendo, él es único y está solo en el universo. Nadie puede redimirle de su sufrimiento ni sufrir en su lugar. Su única oportunidad reside en la actitud que adopte al soportar su carga.

En cuanto a nosotros, como prisioneros, tales pensamientos no eran especulaciones muy alejadas de la realidad, eran los únicos pensamientos capaces de ayudarnos, de liberarnos de la desesperación, aun cuando no se vislumbrara ninguna oportunidad de salir con vida. Ya hacía tiempo que habíamos pasado por la etapa de pedir a la vida un sentido, tal como el de alcanzar alguna meta mediante la creación activa de algo valioso. Para nosotros el significado de la vida abarcaba círculos más amplios, como son los de la vida y la muerte y por este sentido es por el que luchábamos.

Sufrimiento como prestación

Una vez que nos fue revelado el significado del sufrimiento, nos negamos a minimizar o aliviar las torturas del campo a base de ignorarlas o de abrigar falsas ilusiones o de alimentar un optimismo artificial. El sufrimiento se había convertido en una tarea a realizar y no queríamos volverle la espalda. Habíamos aprehendido las oportunidades de logro que se ocultaban en él, oportunidades que habían llevado al poeta Rilke a decir: *"Wie viel ist aufzuleiden"* "¡Por cuánto sufrimiento hay que pasar!." Rilke habló de "conseguir mediante el sufrimiento" donde otros hablan de "conseguir por medio del trabajo". Ante nosotros teníamos una buena cantidad de sufrimiento que debíamos soportar, así que era preciso hacerle frente procurando que los momentos de debilidad y de lágrimas se redujeran al mínimo. Pero no había ninguna necesidad de avergonzarse de las lágrimas, pues ellas testificaban que el hombre era verdaderamente valiente; que tenía el valor de sufrir. No obstante, muy pocos lo entendían así. Algunas veces, alguien confesaba avergonzado haber llorado, como aquel compañero que respondió a mi pregunta sobre cómo había vencido el edema, confesando: "Lo he expulsado de mi cuerpo a base de lágrimas."

Algo nos espera

Siempre que era posible, en el campo se aplicaba algo que podría definirse como los fundamentos de la psicoterapia o de la psicohigiene, tanto individual como colectivamente. Los esbozos de psicoterapia individual solían ser del tipo del "procedimiento para salvar la vida". Dichas acciones se emprendían por regla general con vistas a evitar los suicidios. Una regla del campo muy estricta prohibía que se tomara ninguna iniciativa tendente a salvar a un hombre que tratara de suicidarse. Por ejemplo, se prohibía cortar la soga del hombre que intentaba ahorcarse, por consiguiente, era de suma importancia impedir que se llegara a tales extremos.

80

Recuerdo dos casos de suicidio frustrado que guardan entre sí mucha similitud. Ambos prisioneros habían comentado sus intenciones de suicidarse basando su decisión en el argumento típico de que ya no esperaban nada de la vida. En ambos casos se trataba por lo tanto de hacerles comprender que la vida todavía esperaba algo de ellos. A uno le quedaba un hijo al que él adoraba y que estaba esperándole en el extranjero. En el otro caso no era una persona la que le esperaba, sino una cosa, ¡su obra! Era un científico que había iniciado la publicación de una colección de libros que debía concluir. Nadie más que él podía realizar su trabajo, lo mismo que nadie más podría nunca reemplazar al padre en el afecto del hijo.

La unicidad y la resolución que diferencian a cada individuo y confieren un significado a su existencia tienen su incidencia en la actividad creativa, al igual que la tienen en el amor. Cuando se acepta la imposibilidad de reemplazar a una persona, se da paso para que se manifieste en toda su magnitud la responsabilidad que el hombre asume ante su existencia. El hombre que se hace consciente de su responsabilidad ante el ser humano que le espera con todo su afecto o ante una obra inconclusa no podrá nunca tirar su vida por la borda. Conoce el "porqué" de su existencia y podrá soportar casi cualquier "cómo".

Una palabra a tiempo

Las oportunidades para la psicoterapia colectiva eran limitadas. El ejemplo correcto era más efectivo de lo que pudieran serlo las palabras. Los jefes de barracón que no eran autoritarios, por ejemplo, tenían precisamente por su forma de ser y actuar mil oportunidades de ejercitar una influencia de largo alcance sobre los que estaban bajo su jurisdicción. La influencia inmediata de una determinada forma de conducta es siempre más efectiva que las palabras. Pero, a veces, una palabra también resulta efectiva cuando la receptividad mental se intensifica con motivo de las circunstancias externas. Recuerdo un incidente en que hubo lugar para realizar una labor terapéutica sobre todos los prisioneros de un barracón, como consecuencia de la intensificación de su receptividad provocada por una determinada situación externa.

Había sido un día muy malo. A la hora de la formación se había leído un anuncio sobre los muchos actos que, de entonces en adelante, se considerarían acciones de sabotaje y, por consiguiente, punibles con la horca. Entre estas faltas se incluían nimiedades como cortar pequeñas tiras de nuestras viejas mantas (para utilizarlas como vendajes para los tobillos) y "robos" mínimos. Hacía unos días que un prisionero al borde de la inanición había entrado en el almacén de víveres y había robado algunos kilos de patatas. El robo se descubrió y algunos prisioneros reconocieron al "ladrón". Cuando las autoridades del campo tuvieron noticia de lo sucedido, ordenaron que les entregáramos al culpable; si no, todo el campo ayunaría un día. Claro está que los 2500 hombres prefirieron callar. La tarde de aquel día de ayuno yacíamos exhaustos en los camastros. Nos encontrábamos en las horas más bajas. Apenas se decía palabra y las que se pronunciaban tenían un tono de irritación. Entonces, y para empeorar aún más las cosas, se apagó la luz. Los estados de ánimo llegaron a su punto más bajo. Pero el jefe de nuestro barracón era un hombre sabio e improvisó una pequeña charla sobre todo lo que bullía en nuestra mente en aquellos momentos. Se refirió a los muchos compañeros que habían muerto en los últimos días por enfermedad o por suicidio, pero también indicó cuál había sido la verdadera razón de esas muertes: la pérdida de la esperanza. Aseguraba que tenía que haber algún medio de prevenir que futuras víctimas llegaran a estados tan extremos. Y al decir esto me señalaba a mí para que les aconsejara.

Dios sabe que no estaba en mi talante dar explicaciones psicológicas o predicar sermones a fin de ofrecer a mis camaradas algún tipo de cuidado médico de sus almas. Tenía frío y sueño, me sentía irritable y cansado, pero hube de sobreponerme a mí mismo y aprovechar la oportunidad. En aquel momento era más necesario que nunca infundirles ánimos.

Asistencia psicológica

Seguidamente hablé del futuro inmediato. Y dije que, para el que quisiera ser imparcial, éste se presentaba bastante negro y concordé con que cada uno de nosotros podía adivinar que sus posibilidades de supervivencia eran mínimas: aun cuando ya no había epidemia de tifus yo estimaba que mis propias oportunidades estaban en razón de uno a veinte. Pero también les dije que, a pesar de ello, no tenía intención de perder la esperanza y tirarlo todo por la borda, pues nadie sabía lo que el futuro podía depararle y todavía menos la hora siguiente. Y aun cuando no cabía esperar ningún acontecimiento militar importante en los días sucesivos, quiénes mejor que nosotros, con nuestra larga experiencia en los campos para saber que a veces se ofrecían, de repente, grandes oportunidades, cuando menos a nivel individual. Por ejemplo, cabía la posibilidad de que, inesperadamente, uno fuera destinado a un grupo especial que gozara de condiciones laborales particularmente favorables, ya que este tipo de cosas constituían la "suerte" del prisionero.

Pero no sólo hablé del futuro y del velo que lo cubría. También les hablé del pasado: de todas sus alegrías y de la luz que irradiaba, brillante aun en la presente oscuridad. Para evitar que mis palabras sonaran como las de un predicador, cité de nuevo al poeta que había escrito: *"Was du erlebt, kann keine Macht der Welt dir rauben,* ningún poder de la tierra podrá arrancarte lo que has vivido." No ya sólo nuestras experiencias, sino cualquier cosa que hubiéramos hecho, cualesquiera pensamientos que hubiéramos tenido, así como todo lo que habíamos sufrido, nada de ello se había perdido, aun cuando hubiera pasado; lo habíamos hecho ser, y haber sido es también una forma de ser y quizá la más segura.

Seguidamente me referí a las muchas oportunidades existentes para darle un sentido a la vida. Hablé a mis camaradas (que yacían inmóviles, si bien de vez en cuando se oía algún suspiro) de que la vida humana no cesa nunca, bajo ninguna circunstancia, y de que este infinito significado de la vida comprende también el sufrimiento y la agonía, las privaciones y la muerte. Pedí a aquellas pobres criaturas que me escuchaban atentamente en la oscuridad del barracón que hicieran cara a lo serio de nuestra situación. No tenían que perder las esperanzas, antes bien debían conservar el valor en la certeza de que nuestra lucha desesperada no perdería su dignidad ni su sentido. Les aseguré que en las horas difíciles siempre había alguien que nos observaba —un amigo, una esposa, alguien que estuviera vivo o muerto, o un Dios— y que sin duda no querría que le decepcionáramos, antes bien, esperaba que sufriéramos con orgullo —y no miserablemente— y que supiéramos morir.

Y, finalmente, les hablé de nuestro sacrificio, que en cada caso tenía un significado. En la naturaleza de este sacrificio estaba el que pareciera insensato para la vida normal, para el mundo donde imperaba el éxito material. Pero nuestro sacrificio sí tenía un sentido. Los que profesaran una fe religiosa, dije con franqueza, no hallarían dificultades para entenderlo. Les hablé de un camarada que al llegar al campo había querido hacer un pacto con el cielo para que su sacrificio y su muerte liberaran al ser que amaba de un doloroso final. Para él, tanto el sufrimiento como la muerte y, especialmente, aquel sacrificio, eran significativos. Por nada del mundo quería morir, como tampoco lo queríamos ninguno de nosotros. Mis palabras tenían como objetivo dotar a nuestra vida de un significado, allí y entonces, precisamente en aquel barracón y aquella situación, prácticamente desesperada. Pude comprobar que había logrado mi propósito, pues cuando se encendieron de nuevo las luces, las miserables figuras de mis camaradas se acercaron renqueantes hacia mí para darme las gracias, con lágrimas en los ojos. Sin embargo, es preciso que confiese aquí que sólo muy raras veces hallé en mi interior fuerzas para establecer este tipo de contacto con mis compañeros de sufrimientos y que, seguramente, perdí muchas oportunidades de hacerlo.

Psicología de los guardias del campamento

Llegamos ya a la tercera fase de las reacciones espirituales del prisionero: su psicología tras la liberación. Pero antes de entrar en ella consideremos una pregunta que suele hacérsele al psicólogo, sobre todo cuando conoce el tema por propia experiencia: ¿Qué opina del carácter psicológico de los guardias del campo? ¿Cómo es posible que hombres de carne y hueso como los demás pudieran tratar a sus semejantes en la forma que los prisioneros aseguran que los trataron? Si tras haber oído una y otra vez los relatos de las atrocidades cometidas se llega al convencimiento de que, por increíbles que parezcan, sucedieron de verdad, lo inmediato es preguntar cómo pudieron ocurrir desde un punto de vista psicológico. Para contestar a esta pregunta, aunque sin entrar en muchos detalles, es preciso puntualizar algunas cosas. En primer lugar, había entre los guardias algunos sádicos, sádicos en el sentido clínico más estricto. En segundo lugar, se elegía especialmente a los sádicos siempre que se necesitaba un destacamento de guardias muy severos. A esa selección negativa de la que ya hemos hablado en otro lugar, como la que se realizaba entre la masa de los propios prisioneros para elegir a aquellos que debían ejercer la función de "capos" y en la que es fácil comprender que, a menudo, fueran los individuos más brutales y egoístas los que tenían más probabilidades de sobrevivir, a esta selección negativa, pues, se añadía en el campo la selección positiva de los sádicos.

Se armaba un gran revuelo de alegría cuando, tras dos horas de duro bregar bajo la cruda helada, nos permitían calentarnos unos pocos minutos allí mismo, al pie del trabajo, frente a una pequeña estufa que se cargaba con ramitas y virutas de madera. Pero siempre había algún capataz que sentía gran placer en privarnos de esta pequeña comodidad. Su rostro expresaba bien a las claras la satisfacción que sentía no ya sólo al prohibirnos estar allí, sino volcando la estufa y hundiendo su amoroso fuego en la nieve. Cuando a las SS les molestaba determinada persona, siempre había en sus filas alguien especialmente dotado y altamente especializado en la tortura sádica a quien se enviaba al desdichado prisionero.

En tercer lugar, los sentimientos de la mayoría de los guardias se hallaban embotados por todos aquellos años en que, a ritmo siempre creciente, habían sido testigos de los brutales métodos del campo. Los que estaban endurecidos moral y mentalmente rehusaban, al menos, tomar parte activa en acciones de carácter sádico, pero no impedían que otros las realizaran.

En cuarto lugar, es preciso afirmar que aun entre los guardias había algunos que sentían lástima de nosotros. Mencionaré únicamente al comandante del campo del que fui liberado. Después de la liberación —y sólo el médico del campo, que también era prisionero, tenía conocimiento de ello antes de esa fecha— me enteré de que dicho comandante había comprado en la localidad más próxima medicinas destinadas a los prisioneros y había pagado de su propio bolsillo cantidades nada despreciables. Por lo que se refiere a este comandante de las SS, ocurrió un incidente interesante relativo a la actitud que tomaron hacia él algunos de los prisioneros judíos. Al acabar la guerra y ser liberados por las tropas norteamericanas, tres jóvenes judíos húngaros escondieron al comandante en los bosques bávaros. A continuación se presentaron ante el comandante de las fuerzas americanas, quien estaba ansioso por capturar a aquel oficial de las SS, para decirle que le revelarían donde se encontraba únicamente bajo determinadas condiciones: el comandante norteamericano tenía que prometer que no se haría ningún daño a aquel hombre. Tras pensarlo un rato, el comandante prometió a los jóvenes judíos que cuando capturara al prisionero se ocuparía de que no le causaran la más mínima lesión y no sólo cumplió su promesa, sino que, como prueba de ello, el antiguo comandante del campo de concentración fue, de algún modo, repuesto en su cargo, encargándose de supervisar la recogida de ropas entre las aldeas bávaras más próximas y de distribuirlas entre nosotros.

El prisionero más antiguo del campo era, sin embargo, mucho peor que todos los guardias de las SS juntos. Golpeaba a los demás prisioneros a la más mínima falta, mientras que el comandante alemán, hasta donde yo sé, no levantó nunca la mano contra ninguno de nosotros.

Es evidente que el mero hecho de saber que un hombre fue guardia del campo o prisionero nada nos dice. La bondad humana se encuentra en todos los grupos, incluso en aquellos que, en términos generales, merecen que se les condene. Los límites entre estos grupos se superponen muchas veces y no debemos inclinarnos a simplificar lás cosas asegurando que unos hombres eran unos ángeles y otros unos demonios. Lo cierto es que, tratándose de un capataz, el hecho de ser amable con los prisioneros a pesar de todas las perniciosas influencias del campo es un gran logro, mientras que la vileza del prisionero que maltrata a sus propios compañeros merece condenación y desprecio en grado sumo. Obviamente, los prisioneros veían en estos hombres una falta de carácter que les desconcertaba especialmente, mientras que se sentían profundamente conmovidos por la más mínima muestra de bondad recibida de alguno de los guardias. Recuerdo que un día un capataz me dio en secreto un trozo de pan que debió haber guardado de su propia ración del desayuno. Pero me dio algo más, un "algo" humano que hizo que se me saltaran las lágrimas: la palabra y la mirada con que aquel hombre acompañó el regalo.

De todo lo expuesto debemos sacar la consecuencia de que hay dos razas de hombres en el mundo y nada más que dos: la "raza" de los hombres decentes y la raza de los indecentes. Ambas se encuentran en todas partes y en todas las capas sociales. Ningún grupo se compone de hombres decentes o de hombres indecentes, así sin más ni más. En este sentido, ningún grupo es de "pura raza" y, por ello, a veces se podía encontrar, entre los guardias, a alguna persona decente.

La vida en un campo de concentración abría de par en par el alma humana y sacaba a la luz sus abismos. ¿Puede sorprender que en estas profundidades encontremos, una vez más, únicamente cualidades humanas que, en su naturaleza más íntima, eran una mezcla del bien y del mal? La escisión que separa el bien del mal, que atraviesa imaginariamente a todo ser humano, alcanza a las profundidades más hondas y se hizo manifiesta en el fondo del abismo que se abrió en los campos de concentración.

Nosotros hemos tenido la oportunidad de conocer al hombre quizá mejor que ninguna otra generación. ¿Qué es, en realidad, el hombre? Es el ser que siempre *decide* lo que es. Es el ser que ha inventado las cámaras de gas, pero asimismo es el ser que ha entrado en ellas con paso firme musitando una oración.

TERCERA FASE: DESPUÉS DE LA LIBERACIÓN

Y ahora, en el último capítulo dedicado a la psicología de un campo de concentración, analicemos la psicología del prisionero que ha sido liberado. Para describir las experiencias de la liberación, que han de ser personales por fuerza, reanudaremos el hilo en aquella parte de nuestro relato que hablaba de la mañana en que, tras varios días de gran tensión, se izó la bandera blanca a la entrada del campo. Al estado de ansiedad interior siguió una relajación total. Pero se equivocaría quien pensase que nos volvimos locos de alegría. ¿Qué sucedió, entonces?

Con torpes pasos, los prisioneros nos arrastramos hasta las puertas del campo. Tímidamente miramos a nuestro derredor y nos mirábamos los unos a los otros interrogándonos. Seguidamente, nos aventuramos a dar unos cuantos pasos fuera del campo y esta vez nadie nos impartía órdenes a gritos, ni teníamos que apresurarnos en evitación de un golpe o un puntapié. ¡Oh, no! ¡Esta vez los guardias nos ofrecían cigarrillos! Al principio a duras penas podíamos reconocerlos, ya que se habían dado mucha prisa en cambiarse de ropa y vestían de civiles. Caminábamos despacio por la carretera que partía del campo. Pronto sentimos dolor en las piernas y temimos caernos, pero nos repusimos, queríamos ver los alrededores del campo con los ojos de los hombres libres, por vez primera. "¡Somos libres!", nos decíamos una y otra vez y aún así no podíamos creerlo. Habíamos repetido tantas veces esta palabra durante los años que soñamos con ella, que ya había perdido su significado. Su realidad no penetraba en nuestra conciencia; no podíamos aprehender el hecho de que la libertad nos perteneciera.

Llegamos a los prados cubiertos de flores. Las contemplábamos y nos dábamos cuenta de que estaban allí, pero no despertaban en nosotros ningún sentimiento. El primer destello de alegría se produjo cuando vimos un gallo con su cola de plumas multicolores. Pero no fue más que un destello: todavía no pertenecíamos a este mundo.

Por la tarde y cuando otra vez nos encontramos en nuestro barracón, un hombre le dijo en secreto a otro: "¿Dime, estuviste hoy contento?"

Y el otro le contestó un tanto avergonzado, pues no sabía que los demás sentíamos de igual modo: "Para ser franco: no."

Literalmente hablando, habíamos perdido la capacidad de alegrarnos y teníamos que volverla a aprender, lentamente.

Desde el punto de vista psicológico, lo que les sucedía a los prisioneros liberados podría denominarse "despersonalización". Todo parecía irreal, improbable, como un sueño. No podíamos creer que fuera verdad. ¡Cuántas veces, en los pasados años, nos habían engañado los sueños! Habíamos soñado con que llegaba el día de la liberación, con que nos habían liberado ya, habíamos vuelto a casa, saludado a los amigos, abrazado a la esposa, nos habíamos sentado a la mesa y empezado a contar todo lo que habíamos pasado, incluso que muy a menudo habíamos contemplado, en nuestros sueños, el día de nuestra liberación. Y entonces un silbato traspasaba nuestros oídos —la señal de levantarnos— y todos nuestros sueños se venían abajo. Y ahora el sueño se había hecho realidad. ¿Pero podíamos creer de verdad en él?

El cuerpo tiene menos inhibiciones que la mente, así que desde el primer momento hizo buen uso de la libertad recién adquirida y empezó a comer vorazmente, durante horas y días enteros, incluso en mitad de la noche. Sorprende pensar las ingentes cantidades que se pueden comer. Y cuando a uno de los prisioneros le invitaba algún granjero de la vecindad, comía y comía y bebía café, lo cual le soltaba la lengua y entonces hablaba y hablaba horas enteras. La presión que durante años había oprimido su mente desaparecía al fin. Oyéndole hablar se tenía la impresión de que *tenía* que hablar, de que su deseo de hablar era irresistible. Supe de personas que habían sufrido una presión muy intensa durante un corto período de tiempo (por ejemplo pasar un interrogatorio de la Gestapo) y experimentaron idénticas reacciones. Pasaron muchos días antes de que no sólo se soltara la lengua, sino también algo que estaba dentro de todos nosotros; y, de pronto, aquel sentimiento se abrió por entre las extrañas cadenas que lo habían constreñido.

Un día, poco después de nuestra liberación, yo paseaba por la campiña florida, camino del pueblo más próximo. Las alondras se elevaban hasta el cielo y yo podía oír sus gozosos cantos; no había nada más que la tierra y el cielo y el júbilo de las alondras, y la libertad del espacio. Me detuve, miré en derredor, después al cielo, y finalmente caí de rodillas. En aquel momento yo sabía muy poco de mí o del mundo, sólo tenía en la cabeza una frase, siempre la misma: "Desde mi estrecha prisión llamé a mi Señor y él me contestó desde el espacio en libertad."

No recuerdo cuanto tiempo permanecí allí, de rodillas, repitiendo una y otra vez mi jaculatoria. Pero yo sé que aquel día, en aquel momento, mi vida empezó otra vez. Fui avanzando, paso a paso, hasta volverme de nuevo un ser humano.

El desahogo

El camino que partía de la aguda tensión espiritual de los últimos días pasados en el campo (de la guerra de nervios a la paz mental) no estaba exento de obstáculos. Sería un error pensar que el prisionero liberado no tenía ya necesidad de ningún cuidado. Debemos considerar que un hombre que ha vivido bajo una presión mental tan tremenda y durante tanto tiempo, corre también peligro después de la liberación, sobre todo habiendo cesado la tensión tan de repente. Dicho peligro (desde el punto de vista de la higiene psicológica) es la contrapartida psicológica de la aeroembolia. Lo mismo que la salud física de los que trabajan en cámaras de sumersión correría peligro si, de repente, abandonaran la cámara (donde se encuentran bajo una tremenda presión atmosférica), así también el hombre que ha sido liberado repentinamente de la presión espiritual puede sufrir daño en su salud psíquica.

Durante esta fase psicológica se observaba que las personas de naturaleza más primitiva no podían escapar a las influencias de la brutalidad que les había rodeado mientras vivieron en el campo. Ahora, al verse libres, pensaban que podían hacer uso de su libertad licenciosamente y sin sujetarse a ninguna norma. Lo único que había cambiado para ellos era que en vez de ser oprimidos eran opresores. Se convirtieron en instigadores y no objetores, de la fuerza y de la injusticia. Justificaban su conducta en sus propias y terribles experiencias y ello solía ponerse de manifiesto en situaciones aparentemente inofensivas. En una ocasión paseaba yo con un amigo camino del campo de concentración, cuando de pronto llegamos a un sembrado de espigas verdes. Automáticamente yo las evité, pero él me agarró del brazo y me arrastró hacia el sembrado. Yo balbucí algo referente a no tronchar las tiernas espigas. Se enfadó mucho conmigo, me lanzó una mirada airada y me gritó:

"¡No me digas! ¿No nos han quitado bastante ellos a nosotros? Mi mujer y mi hijo han muerto en la cámara de gas —por no mencionar las demás cosas— y tú me vas a prohibir que tronche unas pocas espigas de trigo?"

Sólo muy lentamente se podía devolver a aquellos hombres a la verdad lisa y llana de que nadie tenía derecho a obrar mal, ni aun cuando a él le hubieran hecho daño. Tendríamos que luchar para hacerles volver a esa verdad, o las consecuencias serían aún peores que la pérdida de unos cuantos cientos de granos de trigo. Todavía puedo ver a aquel prisionero que, enrollándose las mangas de la camisa, metió su mano derecha bajo mi nariz y gritó: "¡Qué me corten la mano si no me la tiño con sangre el día que vuelva a casa!" Quiero recalcar que quien decía estas palabras no era un mal tipo: fue el mejor de los camaradas en el campo y también después.

Aparte de la deformidad moral resultante del repentino aflojamiento de la tensión espiritual, otras dos experiencias mentales amenazaban con dañar el carácter del prisionero liberado: la amargura y la desilusión que sentía al volver a su antigua vida.

La amargura tenía su origen en todas aquellas cosas contra las que se rebelaba cuando volvía a su ciudad. Cuando, a su regreso, aquel hombre veía que en muchos lugares se le recibía sólo con un encogimiento de hombros y unas cuantas frases gastadas, solía amargarse preguntándose por qué había tenido que pasar por todo aquello. Cuando por doquier oía casi las mismas palabras: "No sabíamos nada" y "nosotros también sufrimos", se hacía siempre la misma pregunta. ¿Es que no tienen nada mejor que decirme?

La experiencia de la desilusión es algo distinta. En este caso no era ya el amigo (cuya superficialidad y falta de sentimientos disgustaban tanto al exclaustrado que finalmente se sentía como si se arrastrara por un agujero sin ver ni oír a ningún ser humano) que le parecía cruel, sino su propio sino. El hombre que durante años había creído alcanzar el límite absoluto del sufrimiento se encontraba ahora con que el sufrimiento no tenía límites y con que todavía podía sufrir más y más intensamente.

Cuando hablábamos de los intentos de infundir en el prisionero ánimo para superar su situación, decíamos que había que mostrarle algo que le hiciera pensar en el porvenir. Había que recordarle que la vida todavía le estaba esperando, que un ser humano aguardaba a que él regresara. Pero, ¿y después de la liberación? Algunos se encontraron con que nadie les esperaba.

Desgraciado de aquel que halló que la persona cuyo solo recuerdo le había dado valor en el campo ¡ya no vivía! ¡Desdichado de aquel que, cuando finalmente llegó el día de sus sueños, encontró todo distinto a como lo había añorado! Quizás abordó un trolebús y viajó hasta la casa que durante años había tenido en su mente, quizá llamó al timbre, al igual que lo había soñado en miles de sueños, para encontrarse con que la persona que tendría que abrirle la puerta no estaba allí, ni nunca volvería.

Allá en el campo, todos nos habíamos confesado unos a otros que no podía haber en la tierra felicidad que nos compensara por todo lo que habíamos sufrido. No esperábamos encontrar la felicidad, no era esto lo que infundía valor y confería significado a nuestro sufrimiento, a nuestros sacrificios, a nuestra agonía. Ahora bien, tampoco estábamos preparados para la infelicidad. Esta desilusión que aguardaba a un número no desdeñable de prisioneros resultó ser una experiencia muy dura de sobrellevar y también muy difícil de tratar desde el punto de vista del psiquiatra; aunque tampoco tendría que desalentarle; muy al contrario, debiera ser un acicate y un estímulo más.

Pero para todos y cada uno de los prisioneros liberados llegó el día en que, volviendo la vista atrás a aquella experiencia del campo, fueron incapaces de comprender cómo habían podido soportarlo. Y si llegó por fin el día de su liberación y todo les pareció como un bello sueño, también llegó el día en que todas las experiencias del campo no fueron para ellos nada más que una pesadilla.

La experiencia final para el hombre que vuelve a su hogar es la maravillosa sensación de que, después de todo lo que ha sufrido, ya no hay nada a lo que tenga que temer, excepto a su Dios.

PARTE SEGUNDA

CONCEPTOS BASICOS DE LOGOTERAPIA

Los lectores de mi breve relato autobiográfico me pidieron que hiciera una exposición más directa y completa de mi doctrina terapéutica. En consecuencia, añadí a la edición original un sucinto resumen de lo que es la logoterapia. Pero no ha sido suficiente; me acosan pidiéndome que trate más detenidamente el tema, de modo que en la presente edición he dado una nueva redacción a mi relato, ampliándolo con más detalles.

No ha sido un cometido fácil. Transmitir al lector en un espacio reducido todo el material que en alemán requirió veinte volúmenes es una tarea capaz de desanimar a cualquiera. Recuerdo a un colega norteamericano que un día me preguntó en mi clínica de Viena: "Veamos, doctor, ¿usted es psicoanalista?" A lo que yo le contesté: "No exactamente psicoanalista. Digamos que soy psicoterapeuta." Entonces siguió preguntándome: "A qué escuela pertenece usted?" "Es mi propia teoría; se llama logoterapia", le repliqué. "¿Puede definirme en una frase lo que quiere decir logoterapia?" "Sí", le dije, "pero antes que nada, ¿puede usted definir en una sola frase la esencia del psicoanálisis?" He aquí su respuesta: "En el psicoanálisis, el paciente se tiende en un diván y le dice a usted cosas que, a veces, son muy desagradables de decir." Tras lo cual y de inmediato yo le devolví la siguiente improvisación: "Pues bien, en la logoterapia, el paciente permanece sentado, bien derecho, pero tiene que oír cosas que, a veces, son muy desagradables de escuchar."

Por supuesto dije esto en tono más bien festivo y sin pretender que fuera una versión resumida de la logoterapia. Sin embargo tiene mucho de verdad, pues, comparada con el psicoanálisis, la logoterapia es un método menos *retrospectivo* y menos *introspectivo*. La logoterapia mira más bien al futuro, es decir, a los cometidos y sentidos que el paciente tiene que realizar en el futuro. A la vez, la logoterapia se desentiende de todas las formulaciones del tipo círculo vicioso y de todos los mecanismos de retroacción que tan importante papel desempeñan en el desarrollo de las neurosis. De esta forma se quiebra el típico ensimismamiento del neurótico, en vez de volver una y otra vez sobre lo mismo, con el consiguiente refuerzo.

Que duda cabe que mi definición simplificaba las cosas hasta el máximo y, sin embargo, al aplicar la logoterapia el paciente ha de enfrentarse con el sentido de su propia vida para, a continuación, rectificar la orientación de su conducta en tal sentido. Por consiguiente, mi definición improvisada de la logoterapia es válida en cuanto que el neurótico trata de eludir el cabal conocimiento de su cometido en la vida, y el hacerle sabedor de esta tarea y despertarle a una concienciación plena puede ayudar mucho a su capacidad para sobreponerse a su neurosis.

Explicaré a continuación por qué empleé el término "logoterapia" para definir mi teoría. *Logos* es una palabra griega que equivale a "sentido", "significado" o "propósito". La logoterapia o, como muchos autores la han llamado, "la tercera escuela vienesa de psicoterapia", se centra en el significado de la existencia humana, así como en la búsqueda de dicho sentido por parte del hombre. De acuerdo con la logoterapia, la primera fuerza motivante del hombre es la lucha por encontrarle un sentido a su propia vida. Por eso hablo yo de *voluntad de sentido,* en contraste con el principio de placer (o, como también podríamos denominarlo, la *voluntad de placer*) en que se centra el psicoanálisis freudiano, y en contraste con la *voluntad de poder* que enfatiza la psicología de Adler.

Voluntad de sentido

La búsqueda por parte del hombre del sentido de la vida constituye una fuerza primaria y no una "racionalización secundaria" de sus impulsos instintivos. Este sentido es único y específico en cuanto es uno mismo y uno solo quien tiene que encontrarlo; únicamente así logra alcanzar el hombre un significado que satisfaga su propia voluntad de sentido. Algunos autores sostienen que los sentidos y los principios no son otra cosa que "mecanismos de defensa", "formaciones y sublimaciones de las reacciones". Por lo que a mí toca, yo no quisiera vivir simplemente por mor de mis "mecanismos de defensa", ni estaría dispuesto a morir por mis "formaciones de las reacciones". El hombre, no obstante, ¡es capaz de vivir e incluso de morir por sus ideales y principios!

Hace unos cuantos años se realizó en Francia una encuesta de opinión. Los resultados demostraron que el 80 % de la población encuestada reconocía que el hombre necesita "algo" por qué vivir. Además, el 61 % admitía que había algo, o alguien, en sus vidas por cuya causa estaban dispuestos incluso a morir. Repetí esta encuesta en mi clínica de Viena tanto entre los pacientes como entre el personal y el resultado fue prácticamente similar al obtenido entre las miles de personas encuestadas en Francia; la diferencia fue sólo de un 2 %. En otras palabras, *la voluntad de sentido* para muchas personas es cuestión de *hecho,* no de *fe.*

Ni que decir tiene que son muchos los casos en que la insistencia de algunas personas en los principios morales no es más que una pantalla para ocultar sus conflictos internos; pero aun siendo esto cierto, representa la excepción a la regla y no la mayoría. En dichos casos se justifica la interpretación psicodinámica como un intento de analizar la dinámica inconsciente que le sirve de base. Nos encontramos en realidad ante pseudoprincipios (buen ejemplo de ello es el caso del fanático) que, por lo mismo, es preciso desenmascarar. El desenmascaramiento o la desmitificación cesará, sin embargo, en cuanto uno se tope con lo que el hombre tiene de auténtico y de genuino; por ejemplo, el deseo de una vida lo más significativa posible. Si al llegar aquí no se detiene, el hombre que realiza el desenmascaramiento se limitaba a traicionar su propia voluntad al menospreciar las aspiraciones espirituales de los demás.

Tenemos que precavernos de la tendencia a considerar los principios morales como simple expresión del hombre. Pues *logos* o "sentido" no es sólo algo que nace de la propia existencia, sino algo que hace frente a la existencia. Si ese sentido que espera ser realizado por el hombre no fuera nada más que la expresión de sí mismo o nada más que la proyección de un espejismo, perdería inmediatamente su carácter de exigencia y desafío; no podría motivar al hombre ni requerirle por más tiempo. Esto se considera verdadero no sólo por lo que se refiere a la sublimación de los impulsos instintivos, sino también por lo que toca a lo que C.G. Jung denomina *arquetipos* del "inconsciente colectivo", en cuanto estos últimos serían también expresiones propias de la humanidad, como un todo. Y también se considera cierto por lo que se refiere al argumento de algunos pensadores existencialistas que no ven en los ideales humanos otra cosa que invenciones. Según J.P. Sartre, el hombre se inventa a sí mismo, concibe su propia "esencia", es decir, lo que él es esencialmente, incluso lo que debería o tendría que ser. Pero yo no considero que nosotros inventemos el sentido de nuestra existencia, sino que lo descubrimos.

La investigación psicodinámica en el campo de los principios es legítima; la cuestión estriba en saber si siempre es apropiada. Por encima de todas las cosas debemos recordar que una investigación exclusivamente psicodinámica puede, en principio, revelar únicamente lo que es una fuerza impulsora en el hombre. Ahora bien, los principios morales no mueven al hombre, no le *empujan,* más bien tiran de él. Diré, de paso, que es una diferencia que recordaba continuamente al pasar por las puertas de los hoteles de Norteamérica: hay que tirar de una y empujar otra. Pues bien, si yo digo que el hombre se ve *arrastrado* por los principios morales, lo que implícitamente se infiere es el hecho de que la voluntad interviene siempre: la libertad del hombre para elegir entre aceptar o rechazar una oferta; es decir, para cumplir un sentido potencial o bien para perderlo.

Sin embargo, debe quedar bien claro que en el hombre no cabe hablar de eso que suele llamarse *impulso moral* o *impulso religioso,* interpretándolo de manera idéntica a cuando decimos que los seres humanos están determinados por los instintos básicos. Nunca el hombre se ve impulsado a una conducta moral; en cada caso concreto decide actuar moralmente. Y el hombre no actúa así para satisfacer un impulso moral y tener una buena conciencia; lo hace por mor de una causa con la que se identifica, o por la persona que ama, o por la gloria de Dios. Si obra para tranquilizar su conciencia será un fariseo y dejará de ser una persona verdaderamente moral. Creo que hasta los mismos santos no se preocupan de otra cosa que no sea servir a su Dios y dudo siquiera de que piensen en ser santos. Si así fuera serían perfeccionistas, pero no santos. Cierto que, como reza el dicho alemán, "una buena conciencia es la mejor almohada"; pero la verdadera moralidad es algo más que un somnífero o un tranquilizante.

Frustración existencial

La voluntad de sentido del hombre puede también frustrarse, en cuyo caso la logoterapia habla de la frustración existencial. El término existencial se puede utilizar de tres maneras: para referirse a la propia (1) *existencia;* es decir, el modo de ser específicamente humano; (2) el *sentido* de la existencia; y (3) el afán de encontrar un sentido concreto a la existencia personal, o lo que es lo mismo, la *voluntad* de sentido.

La frustración existencial se puede también resolver en neurosis. Para este tipo de neurosis, la logoterapia ha acuñado el término "neurosis noógena", en contraste con la neurosis en sentido estricto; es decir, la neurosis psicógena. Las neurosis noógenas tienen su origen no en lo psicológico, sino más bien en la dimensión noológica (del griego *noos,* que significa mente), de la existencia humana. Este término logoterapéutico denota algo que pertenece al núcleo "espiritual" de la personalidad humana. No obstante, debe recordarse que dentro del marco de referencia de la logoterapia, el término "espiritual" no tiene connotación primordialmente religiosa, sino que hace referencia a la dimensión específicamente humana.

Neurosis noógena

Las neurosis noógenas no nacen de los conflictos entre impulsos e instintos, sino más bien de los conflictos entre principios morales distintos; en otras palabras, de los conflictos morales o, expresándonos en términos más generales, de los problemas espirituales, entre los que la frustración existencial suele desempeñar una función importante.

Resulta obvio que en los casos noógenos, la terapia apropiada e idónea no es la psicoterapia en general, sino la logoterapia, es decir, una terapia que se atreva a penetrar en la dimensión espiritual de la existencia humana. De hecho, *logos* en griego no sólo quiere decir "significación" o "sentido", sino también "espíritu". La logoterapia considera en términos *espirituales* temas asimismo espirituales, como pueden ser la aspiración humana por una existencia significativa y la frustración de este anhelo. Dichos temas se tratan con sinceridad y desde el momento que se inician, en vez de rastrearlos hasta sus raíces y orígenes inconscientes, es decir, en vez de tratarlos como *instintivos*.

Si un médico no acierta a distinguir entre la dimensión espiritual como opuesta a la dimensión instintiva, el resultado es una tremenda confusión. Citaré el siguiente ejemplo: un diplomático norteamericano de alta graduación acudió a mi consulta en Viena a fin de continuar un tratamiento psicoanalítico que había iniciado cinco años antes con un analista de Nueva York. Para empezar, le pregunté qué le había llevado a pensar que debía ser analizado; es decir, antes que nada, cuál había sido la causa de iniciar el análisis. El paciente me contestó que se sentía insatisfecho con su profesión y tenía serias dificultades para cumplir la política exterior de Norteamérica. Su analista le había repetido una y otra vez que debía tratar de reconciliarse con su padre, pues el gobierno estadounidense, al igual que sus superiores, "no eran otra cosa" que imágenes del padre y, consecuentemente, la insatisfacción que sentía por su trabajo se debía al aborrecimiento que, inconscientemente, abrigaba hacia su padre. A lo largo de un análisis que había durado cinco años, el paciente, cada vez se había ido sintiendo más dispuesto a aceptar estas interpretaciones, hasta que al final era incapaz de ver el bosque de la realidad a causa de los árboles de símbolos e imágenes. Tras unas cuantas entrevistas, quedó bien patente que su voluntad de sentido se había visto frustrada por su vocación y añoraba no estar realizando otro trabajo distinto. Como no había ninguna razón para no abandonar su empleo y dedicarse a otra cosa, así lo hizo y con resultados muy gratificantes. Según me ha informado recientemente lleva ya cinco años en su nueva profesión y está contento. Dudo mucho que, en este caso, yo tratara con una personalidad neurótica, ni mucho menos, y por ello dudo de que necesitara ningún tipo de psicoterapia, ni tampoco de logoterapia, por la sencilla razón de que ni siquiera era un paciente. Pues no todos los conflictos son necesariamente neuróticos y, a veces, es normal y saludable cierta dosis de conflictividad. Análogamente, el sufrimiento no es siempre un fenómeno patológico; más que un síntoma neurótico, el sufrimiento puede muy bien ser un logro humano, sobre todo cuando nace de la frustración existencial. Yo niego categóricamente que la búsqueda de un sentido para la propia existencia, o incluso la duda de que exista, proceda siempre de una enfermedad o sea resultado de ella. La frustración existencial no es en sí misma ni patológica ni patógena. El interés del hombre, incluso su desesperación por lo que la vida tenga de valiosa es una *angustia espiritual*, pero no es en modo alguno una *enfermedad mental*. Muy bien pudiera acaecer que al interpretar la primera como si fuera la segunda, el especialista se vea inducido a enterrar la desesperación existencial de su paciente bajo un cúmulo de drogas tranquilizantes. Su deber consiste, en cambio, en conducir a ese paciente a través de su crisis existencial de crecimiento y desarrollo.

La logoterapia considera que es su cometido ayudar al paciente a encontrar el sentido de su vida. En cuanto la logoterapia le hace consciente del *logos* oculto de su existencia, es un proceso analítico. Hasta aquí, la logoterapia se parece al psicoanálisis. Ahora bien, la pretensión de la logoterapia de conseguir que algo vuelva otra vez a la conciencia no limita su actividad a los hechos *instintivos* que están en el inconsciente del individuo, sino que también le hace ocuparse de realidades *espirituales* tales como el sentido potencial de la existencia que ha de cumplirse, así como de su *voluntad* de sentido. Sin embargo, todo análisis, aun en el caso de que no comprenda la dimensión noológica o espiritual en su proceso terapéutico, trata de hacer al paciente consciente de lo que anhela en lo más profundo de su ser. La logoterapia difiere del psicoanálisis en cuanto considera al hombre como un ser cuyo principal interés consiste en cumplir un sentido y realizar sus principios morales, y no en la mera gratificación y satisfacción de sus impulsos e instintos ni en poco más que la conciliación de las conflictivas exigencias del ello, del yo y del super yo, o en la simple adaptación y ajuste a la sociedad y al entorno.

Noodinámica

Cierto que la búsqueda humana de ese sentido y de esos principios puede nacer de una tensión interna y no de un equilibrio interno.

Ahora bien, precisamente esta tensión es un requisito indispensable de la salud mental. Y yo me atrevería a decir que no hay nada en el mundo capaz de ayudarnos a sobrevivir, aun en las peores condiciones, como el hecho de saber que la vida tiene un sentido. Hay mucha sabiduría en Nietzsche cuando dice: "Quien tiene un *porqué* para vivir puede soportar casi cualquier *cómo*." Yo veo en estas palabras un motor que es válido para cualquier psicoterapia. Los campos de concentración nazis fueron testigos (y ello fue confirmado más tarde por los psiquiatras norteamericanos tanto en Japón como en Corea) de que los más aptos para la supervivencia eran aquellos que sabían que les esperaba una tarea por realizar.

En cuanto a mí, cuando fui internado en el campo de Auschwitz me confiscaron un manuscrito listo para su publicación[1]. No cabe duda de que mi profundo interés por volver a escribir el libro me ayudó a superar los rigores de aquel campo. Por ejemplo, cuando caí enfermo de tifus anoté en míseras tiras de papel muchos apuntes con la idea de que me sirvieran para redactar de nuevo el manuscrito si sobrevivía hasta el día de la liberación. Estoy convencido de que la reconstrucción de aquel trabajo que perdí en los siniestros barracones de un campo de concentración bávaro me ayudó a vencer el peligro del colapso.

Puede verse, pues, que la salud se basa en un cierto grado de tensión, la tensión existente entre lo que ya se ha logrado y lo que todavía no se ha conseguido; o el vacío entre lo que se es y lo que se debería ser. Esta tensión es inherente al ser humano y por consiguiente es indispensable al bienestar mental. No debemos, pues, dudar en desafiar al hombre a que cumpla su sentido potencial. Sólo de este modo despertamos del estado de latencia su voluntad de significación. Considero un concepto falso y peligroso para la higiene mental dar por supuesto que lo que el hombre necesita ante todo es equilibrio o, como se denomina en biología "homeostasis"; es decir, un estado sin tensiones. Lo que el hombre realmente necesita no es vivir sin tensiones, sino esforzarse y luchar por una meta que le merezca la pena. Lo que precisa no es eliminar la tensión a toda costa, sino sentir la lla-

1. Se trataba de la primera versión de mi primer libro, cuya traducción al castellano la publicó en 1950 el Fondo de Cultura Económica, México, con el título *Psicoanálisis y existencialismo.*

mada de un sentido potencial que está esperando a que él lo cumpla. Lo que el hombre necesita no es la "homeostasis", sino lo que yo llamo la "noodinámica", es decir, la dinámica espiritual dentro de un campo de tensión bipolar en el cual un polo viene representado por el significado que debe cumplirse y el otro polo por el hombre que debe cumplirlo. Y no debe pensarse que esto es cierto sólo para las condiciones normales; su validez es aún más patente en el caso de individuos neuróticos. Cuando los arquitectos quieren apuntalar un arco que se hunde, *aumentan* la carga encima de él, para que sus partes se unan así con mayor firmeza. Así también, si los terapeutas quieren fortalecer la salud mental de sus pacientes, no deben tener miedo a aumentar dicha carga y orientarles hacia el sentido de sus vidas.

Una vez puesta de manifiesto la incidencia beneficiosa que ejerce la orientación significativa, me ocuparé de la influencia nociva que encierra ese sentimiento del que se quejan hoy muchos pacientes; a saber, el sentimiento de que sus vidas carecen total y definitivamente de un sentido. Se ven acosados por la experiencia de su vaciedad íntima, del desierto que albergan dentro de sí; están atrapados en esa situación que ellos denominan "vacío existencial".

El vacío existencial

El vacío existencial es un fenómeno muy extendido en el siglo XX. Ello es comprensible y puede deberse a la doble pérdida que el hombre tiene que soportar desde que se convirtió en un verdadero ser humano. Al principio de la historia de la humanidad, el hombre perdió algunos de los instintos animales básicos que conforman la conducta del animal y le confieren seguridad; seguridad que, como el paraíso, le está hoy vedada al hombre para siempre: el hombre tiene que elegir; pero, además, en los últimos tiempos de su transcurrir, el hombre ha sufrido otra pérdida: las tradiciones que habían servido de contrafuerte a su conducta se están diluyendo a pasos agigantados. Carece, pues, de un instinto que le diga lo que ha de hacer, y no tiene ya tradiciones que le indiquen lo que debe hacer; en ocasiones no sabe ni siquiera lo que le gustaría hacer. En su lugar, desea hacer lo que otras personas hacen (conformismo) o hace lo que otras personas quieren que haga (totalitarismo).

Mi equipo del departamento neurológico realizó una encuesta entre los pacientes y los enfermos del Hospital Policlínico de Viena y en ella se reveló que el 55 % de las personas encuestadas acusaban un mayor o menor grado de vacío existencial. En otras palabras, más de la mitad de ellos habían experimentado la pérdida del sentimiento de que la vida es significativa.

Este vacío existencial se manifiesta sobre todo en un estado de tedio. Podemos comprender hoy a Schopenhauer cuando decía que, aparentemente, la humanidad estaba condenada a bascular eternamente entre los dos extremos de la tensión y el aburrimiento. De hecho, el hastío es hoy causa de más problemas que la tensión y, desde luego, lleva más casos a la consulta del psiquiatra. Estos problemas se hacen cada vez más críticos, pues la progresiva automatización tendrá como consecuencia un gran aumento del promedio de tiempo de ocio para los obreros. Lo único malo de ello es que muchos quizás no sepan qué hacer con todo ese tiempo libre recién adquirido.

Pensemos, por ejemplo, en la "neurosis del domingo", esa especie de depresión que aflige a las personas conscientes de la falta de contenido de sus vidas cuando el trajín de la semana se acaba y ante ellos se pone de manifiesto su vacío interno. No pocos casos de suicidio pueden rastrearse hasta ese vacío existencial. No es comprensible que se extiendan tanto los fenómenos del alcoholismo y la delincuencia juvenil a menos que reconozcamos la existencia del vacío existencial que les sirve de sustento. Y esto es igualmente válido en el caso de los jubilados y de las personas de edad.

Sin contar con que el vacío existencial se manifiesta enmascarado con diversas caretas y disfraces. A veces la frustración de la voluntad de sentido se compensa mediante una voluntad de poder, en la que cabe su expresión más primitiva: la voluntad de tener dinero. En otros casos, en que la voluntad de sentido se frustra, viene a ocupar su lugar la voluntad de placer. Ésta es la razón de que la frustración existencial suele manifestarse en forma de compensación sexual y así, en los casos de vacío existencial, podemos observar que la líbido sexual se vuelve agresiva.

Algo parecido sucede en las neurosis. Hay determinados tipos de mecanismos de retroacción y de formación de círculos viciosos que trataré más adelante. Sin embargo una y otra vez se observa que esta sintomatología invade las existencias vacías, en cuyo seno se desarrolla y florece. En estos pacientes el síntoma que tenemos que tratar no es una neurosis noógena. Ahora bien, nunca conseguiremos que el paciente se sobreponga a su condición si no complementamos el tratamiento psicoterapeútico con la logoterapia, ya que al llenar su vacío existencial se previene al paciente de ulteriores recaídas. Así pues, la logoterapia está indicada no sólo en los casos noógenos como señalábamos antes, sino también en los casos psicógenos y, sobre todo, en lo que yo he denominado "(pseudo)neurosis somatógenas". Desde esta perspectiva se justifica la afirmación que un día hiciera Magda B. Arnold[2]: "Toda terapia debe ser, además, logoterapia, aunque sea en un grado mínimo."

Consideremos a continuación lo que podemos hacer cuando el paciente pregunta cuál es el sentido de su vida.

El sentido de la vida

Dudo que haya ningún médico que pueda contestar a esta pregunta en términos generales, ya que el sentido de la vida difiere de un hombre a otro, de un día para otro, de una hora a otra hora. Así pues, lo que importa no es el sentido de la vida en términos generales, sino el significado concreto de la vida de cada individuo en un momento dado. Plantear la cuestión en términos generales puede equipararse a la pregunta que se le hizo a un campeón de ajedrez: "Dígame, maestro, ¿cuál es la mejor jugada que puede hacerse?" Lo que ocurre es, sencillamente, que no hay nada que sea la mejor jugada, o una buena jugada, si se la considera fuera de la situación especial del juego y de la peculiar personalidad del oponente. No deberíamos buscar un sentido abstracto a la vida, pues cada uno tiene en ella su propia misión que cumplir; cada uno debe llevar a cabo un cometido concreto. Por tanto ni puede ser reemplazado en la función, ni su vida puede repetirse; su tarea es única como única es su oportunidad para instrumentarla.

2. Magda B. Arnold y John A. Gasson, "*The Human Person*, The Ronald Press Company, Nueva York, 1954, p. 618.

Como quiera que toda situación vital representa un reto para el hombre y le plantea un problema que sólo él debe resolver, la cuestión del significado de la vida puede en realidad invertirse. En última instancia, el hombre no debería inquirir cuál es el sentido de la vida, sino comprender que es a *él* a quien se inquiere. En una palabra, a cada hombre se le pregunta por la vida y únicamente puede responder a la vida *respondiendo* por su propia vida; sólo siendo responsable puede contestar a la vida. De modo que la logoterapia considera que la esencia íntima de la existencia humana está en su capacidad de ser responsable.

La esencia de la existencia

Este énfasis en la capacidad de ser responsable se refleja en el imperativo categórico de la logoterapia; a saber: "Vive como si ya estuvieras viviendo por segunda vez y como si la primera vez ya hubieras obrado tan desacertadamente como ahora estás a punto de obrar." Me parece a mí que no hay nada que más pueda estimular el sentido humano de la responsabilidad que esta máxima que invita a imaginar, en primer lugar, que el presente ya es pasado y, en segundo lugar, que se puede modificar y corregir ese pasado: este precepto enfrenta al hombre con la *finitud* de la vida, así como con la *finalidad* de lo que cree de sí mismo y de su vida.

La logoterapia intenta hacer al paciente plenamente consciente de sus propias responsabilidades; razón por la cual ha de dejarle la opción de decidir por qué, ante qué o ante quién se considera responsable. Y por ello el logoterapeuta es el menos tentado de todos los psicoterapeutas a imponer al paciente juicios de valor, pues nunca permitirá que éste traspase al médico la responsabilidad de juzgar.

Corresponde, pues, al paciente decidir si debe interpretar su tarea vital siendo responsable ante la sociedad o ante su propia conciencia. Una gran mayoría, no obstante, considera que es a Dios a quien tiene que rendir cuentas; éstos son los que no interpretan sus vidas simplemente bajo la idea de que se les ha asignado una tarea que cumplir sino que se vuelven hacia el rector que les ha asignado dicha tarea.

La logoterapia no es ni labor docente ni predicación. Está tan lejos del razonamiento lógico como de la exhortación moral. Dicho figurativamente, el papel que el logoterapeuta representa es más el de un especialista en oftalmología que el de un pintor. Éste intenta poner ante nosotros una representación del mundo tal como él lo ve; el oftalmólogo intenta conseguir que veamos el mundo como realmente es. La función del logoterapeuta consiste en ampliar y ensanchar el campo visual del paciente de forma que sea consciente y visible para él todo el espectro de las significaciones y los principios. La logoterapia no precisa imponer al paciente ningún juicio, pues en realidad la verdad se impone por sí misma sin intervención de ningún tipo.

Al declarar que el hombre es una criatura responsable y que debe aprehender el sentido potencial de su vida, quiero subrayar que el verdadero sentido de la vida debe encontrarse en el mundo y no dentro del ser humano o de su propia *psique,* como si se tratara de un sistema cerrado. Por idéntica razón, la verdadera meta de la existencia humana no puede hallarse en lo que se denomina autorrealización. Ésta no puede ser en sí misma una meta por la simple razón de que cuanto más se esfuerce el hombre por conseguirla más se le escapa, pues sólo en la misma medida en que el hombre se compromete al cumplimiento del sentido de su vida, en esa misma medida se autorrealiza. En otras palabras, la autorrealización no puede alcanzarse cuando se considera un fin en sí misma, sino cuando se la toma como efecto secundario de la propia trascendencia.

No debe considerarse el mundo como simple expresión de uno mismo, ni tampoco como mero instrumento, o como medio para conseguir la autorrealización. En ambos casos la visión del mundo, o *Weltanschauung,* se convierte en *Weltentwertung,* es decir, menosprecio del mundo.

Ya hemos dicho que el sentido de la vida siempre está cambiando, pero nunca cesa. De acuerdo con la logoterapia, podemos descubrir este sentido de la vida de tres modos distintos: (1) realizando una acción; (2) teniendo algún principio; y (3) por el sufrimiento. En el primer caso el medio para el logro o cumplimiento es obvio. El segundo y tercer medio precisan ser explicados.

El segundo medio para encontrar un sentido en la vida es sentir por algo como, por ejemplo, la obra de la naturaleza o la cultura; y también sentir por alguien, por ejemplo el amor.

El sentido del amor

El amor constituye la única manera de aprehender a otro ser humano en lo más profundo de su personalidad. Nadie puede ser totalmente conocedor de la esencia de otro ser humano si no le ama. Por el acto espiritual del amor se es capaz de ver los trazos y rasgos esenciales en la persona amada; y lo que es más, ver también sus potencias: lo que todavía no se ha revelado, lo que ha de mostrarse. Todavía más, mediante su amor, la persona que ama posibilita al amado a que manifieste sus potencias. Al hacerle consciente de lo que puede ser y de lo que puede llegar a ser, logra que esas potencias se conviertan en realidad.

En logoterapia, el amor no se interpreta como un epifenómeno[3] de los impulsos e instintos sexuales en el sentido de lo que se denomina sublimación. El amor es un fenómeno tan primario como pueda ser el sexo. Normalmente el sexo es una forma de expresar el amor. El sexo se justifica, incluso se santifica, en cuanto que es un vehículo del amor, pero sólo mientras éste existe. De este modo, el amor no se entiende como un mero efecto secundario del sexo, sino que el sexo se ve como medio para expresar la experiencia de ese espíritu de fusión total y definitivo que se llama amor.

Un tercer cauce para encontar el sentido de la vida es por vía del sufrimiento.

El sentido del sufrimiento

Cuando uno se enfrenta con una situación inevitable, insoslayable, siempre que uno tiene que enfrentarse a un destino que es imposible cambiar, por ejemplo, una enfermedad incurable, un cáncer que no puede operarse, precisamente entonces se le presenta la oportunidad de realizar el valor supremo, de cumplir el sentido más profundo, cual es el del sufrimiento. Porque lo que más importa de todo es la actitud que tomemos hacia el sufrimiento, nuestra actitud al cargar con ese sufrimiento.

3. Fenómeno que se produce como consecuencia de un fenómeno primario.

Citaré un ejemplo muy claro: en una ocasión, un viejo doctor en medicina general me consultó sobre la fuerte depresión que padecía. No podía sobreponerse a la pérdida de su esposa, que había muerto hacía dos años y a quien él había amado por encima de todas las cosas. ¿De qué forma podía ayudarle? ¿Qué decirle? Pues bien, me abstuve de decirle nada y en vez de ello le espeté la siguiente pregunta: "¿Qué hubiera sucedido, doctor, si usted hubiera muerto primero y su esposa le hubiera sobrevivido?" "¡Oh!", dijo, "¡para ella hubiera sido terrible, habría sufrido muchísimo!" A lo que le repliqué: "Lo ve, doctor, usted le ha ahorrado a ella todo ese sufrimiento; pero ahora tiene que pagar por ello sobreviviendo y llorando su muerte."

No dijo nada, pero me tomó la mano y, quedamente, abandonó mi despacho. El sufrimiento deja de ser en cierto modo sufrimiento en el momento en que encuentra un sentido, como puede serlo el sacrificio.

Claro está que en este caso no hubo terapia en el verdadero sentido de la palabra, puesto que, para empezar, su sufrimiento no era una enfermedad y, además, yo no podía dar vida a su esposa. Pero en aquel preciso momento sí acerté a modificar su *actitud* hacia ese destino inalterable en cuanto a partir de ese momento al menos podía encontrar un sentido a su sufrimiento.

Uno de los postulados básicos de la logoterapia estriba en que el interés principal del hombre no es encontrar el placer, o evitar el dolor, sino encontrarle un sentido a la vida, razón por la cual el hombre está dispuesto incluso a sufrir a condición de que ese sufrimiento tenga un sentido.

Ni que decir tiene que el sufrimiento no significará nada a menos que sea absolutamente necesario; por ejemplo, el paciente no tiene por qué soportar, como si llevara una cruz, el cáncer que puede combatirse con una operación; en tal caso sería masoquismo, no heroísmo.

La psicoterapia tradicional ha tendido a restaurar la capacidad del individuo para el trabajo y para gozar de la vida; la logoterapia también persigue dichos objetivos y aún va más allá al hacer que el paciente recupere su capacidad de sufrir, si fuera necesario, y por tanto de encontrar un sentido incluso al sufrimiento. En este contexto, Edith Weisskopf-Joelson, catedrática de psicología de la Universidad de Georgia, en su artículo sobre logoterapia[4] defiende que "nuestra filosofía de la higiene mental al uso insiste en la idea de que la gente tiene que ser feliz, que la infelicidad es síntoma de desajuste. Un sistema tal de valores ha de ser responsable del hecho de que el cúmulo de infelicidad inevitable se vea aumentado por la desdicha de ser desgraciado". En otro ensayo[5] expresa la esperanza de que la logoterapia "pueda contribuir a actuar en contra de ciertas tendencias indeseables en la cultura actual estadounidense, en la que se da al que sufre incurablemente una oportunidad muy pequeña de enorgullecerse de su sufrimiento y de considerarlo enaltecedor y no degradante", de forma que "no sólo se siente desdichado, sino avergonzado además por serlo".

Hay situaciones en las que a uno se le priva de la oportunidad de ejecutar su propio trabajo y de disfrutar de la vida, pero lo que nunca podrá desecharse es la inevitabilidad del sufrimiento. Al aceptar el reto de sufrir valientemente, la vida tiene hasta el último momento un sentido y lo conserva hasta el fin, literalmente hablando. En otras palabras, el sentido de la vida es de tipo incondicional, ya que comprende incluso el sentido del posible sufrimiento.

Traigo ahora a la memoria lo que tal vez constituya la experiencia más honda que pasé en un campo de concentración. Las probabilidades de sobrevivir en uno de estos campos no superaban la proporción de 1 a 28 como puede verificarse por las estadísticas. No parecía posible, cuanto menos probable, que yo pudiera rescatar el manuscrito de mi primer libro, que había escondido en mi chaqueta cuando llegué a Auschwitz. Así pues, tuve que pasar el mal trago y sobreponerme a la pérdida de mi hijo espiritual. Es más, parecía como si nada o nadie fuera a sobrevivirme, ni un hijo físico, ni un hijo espiritual, nada que fuera mío. De modo que tuve que enfrentarme a la pregunta de si en tales circunstancias mi vida no estaba huérfana de cualquier sentido.

Aún no me había dado cuenta de que ya me estaba reservada la respuesta a la pregunta con la que yo mantenía una lucha apasionada, respuesta que muy pronto me sería revelada. Sucedió cuando tuve que abandonar mis ropas y heredé a cambio los harapos de un prisionero

4. Edith Weisskopf-Joelson, *Some Comments on a Viennese School of Psychiatry*. "The Journal of Abnormal and Social Psychology", vol. 51., pp. 701-3 (1955).

5. Edith Weisskopf-Joelson, *Logotherapy and Existencial Analysis*, "Acta psychotherap.", vol. 6, pp. 193-204 (1958).

que habían enviado a la cámara de gas nada más poner los pies en la estación de Auschwitz. En vez de las muchas páginas de mi manuscrito encontré en un bolsillo de la chaqueta que acababan de entregarme una sola página arrancada de un libro de oraciones en hebreo, que contenía la más importante oración judía, el *Shema Yisrael.* ¿Cómo interpretar esa "coincidencia" sino como el desafío para *vivir* mis pensamientos en vez de limitarme a ponerlos en el papel?

Un poco más tarde, según recuerdo, me pareció que no tardaría en morir. En esta situación crítica, sin embargo, mi interés era distinto del de mis camaradas. Su pregunta era: "¿Sobreviviremos a este campo? Pues si no, este sufrimiento no tiene sentido." La pregunta que yo me planteaba era algo distinta: "¿Tienen todo este sufrimiento, estas muertes en torno mío, algún sentido? Porque si no, definitivamente, la supervivencia no tiene sentido, pues la vida cuyo significado depende de una casualidad —ya se sobreviva o se escape a ella— en último término no merece ser vivida."

Problemas metaclínicos

Cada día que pasa, el médico se ve confrontado más y más con las preguntas: ¿Qué es la vida? ¿Qué es el sufrimiento, después de todo? Cierto que incesante y continuamente al psiquiatra le abordan hoy pacientes que le plantean problemas humanos más que síntomas neuróticos. Algunas de las personas que en la actualidad visitan al psiquiatra hubieran acudido en tiempos pasados a un pastor, un sacerdote o un rabino, pero hoy, por lo general, se resisten a ponerse en manos de un eclesiástico, de forma que el médico tiene que hacer frente a cuestiones filosóficas más que a conflictos emocionales.

Un logodrama

Me gustaría citar el siguiente caso: en una ocasión, la madre de un muchacho que había muerto a la edad de once años fue internada en mi clínica tras un intento de suicidio. Mi ayudante, el Dr. Kocourek, la invitó a unirse a una sesión de terapia de grupo y ocurrió que

yo entré en la habitación donde se desarrollaba la sesión de psico-
drama. En ese momento, ella contaba su historia. A la muerte de su
hijo se quedó sola con otro hijo mayor, que estaba impedido como
consecuencia de la parálisis infantil. El muchacho no podía moverse si
no era empujando una silla de ruedas. Y su madre se rebelaba contra
el destino. Ahora bien, cuando ella intentó suicidarse junto con su
hijo, fue precisamente el tullido quien le impidió hacerlo. ¡Él quería
vivir! Para él, la vida seguía siendo significativa, ¿por qué no había de
serlo para su madre? ¿Cómo podría seguir teniendo sentido su vida?
¿Y cómo podíamos ayudarla a que fuera consciente de ello?

Improvisando, participé en la discusión. Y me dirigí a otra mujer
del grupo. Le pregunté cuántos años tenía y me contestó que treinta.
Yo le repliqué: "No, usted no tiene 30, sino 80, está tendida en su
cama moribunda y repasa lo que fue su vida, una vida sin hijos pero
llena de éxitos económicos y de prestigio social." A continuación la
invité a considerar cómo se sentiría ante tal situación. "¿Qué pensaría
usted? ¿Qué se diría a sí misma?" Voy a reproducir lo que dijo exactamente, tomándolo de la cinta en que se grabó la sesión: "Oh, me
casé con un millonario; tuve una vida llena de riquezas, ¡y la viví plenamente! ¡Coqueteé con los hombres, me burlé de ellos! Pero, ahora
tengo ochenta años y ningún hijo. Al volver la vista atrás, ya vieja
como soy, no puedo comprender el sentido de todo aquello; y ahora
no tengo más remedio que decir: ¡mi vida fue un fracaso!"

Invité entonces a la madre del muchacho paralítico a que se ima-
ginara a ella misma en una situación semejante, considerando lo que
había sido su vida. Oigamos lo que dijo, grabado igualmente: "Yo
quise tener hijos y mi deseo se cumplió; un hijo se murió y el otro hubiera tenido que ir a alguna institución benéfica si yo no me hubiera
ocupado de él. Aunque está tullido e inválido, es mi hijo después de
todo, de manera que he hecho lo posible para que tenga una vida
plena. He hecho de mi hijo un ser humano mejor." Al llegar a este
punto rompió a llorar y, sollozando, continuó: "En cuanto a mí,
puedo contemplar en paz mi vida pasada, y puedo decir que mi vida
estuvo cargada de sentido y yo intenté cumplirlo con todas mis fuerzas. He obrado lo mejor que he sabido; he hecho lo mejor que he podido por mi hijo. ¡Mi vida no ha sido un fracaso!"

Al considerar su vida como si estuviera en el lecho de muerte pudo, de pronto, percibir en ella un sentido, sentido en el que también quedaban comprendidos sus sufrimientos. Por idéntico motivo, se hizo patente que una vida tan corta como, por ejemplo, la del hijo muerto, podía ser tan rica en alegría y amor que tuviera mayor significado que una vida que hubiera durado ochenta años.

Pasado un rato, procedí a hacer otra pregunta; esta vez me dirigía a todo el grupo. Les pregunté si un chimpancé al que se había utilizado para producir el suero de la poliomielitis y, por tanto, había sido inyectado una y otra vez, sería capaz de aprehender el significado de su sufrimiento. Al unísono, todo el grupo contestó que no, rotundamente; debido a su limitada inteligencia, el chimpancé no podía introducirse en el mundo del hombre, que es el único mundo donde se comprendería su sufrimiento. Entonces continué formulando la siguiente pregunta: "¿Y qué hay del hombre? ¿Están ustedes seguros de que el mundo humano es un punto terminal en la evolución del cosmos? ¿No es concebible que exista la posibilidad de otra dimensión, de un mundo más allá del mundo del hombre, un mundo en el que la pregunta sobre el significado último del sufrimiento humano obtenga respuesta?"

El suprasentido

Este sentido último excede y sobrepasa, necesariamente, la capacidad intelectual del hombre; en logoterapia empleamos para este contexto el término suprasentido. Lo que se le pide al hombre no es, como predican muchos filósofos existenciales, que soporte la insensatez de la vida, sino más bien que asuma racionalmente su propia capacidad para aprehender toda la sensatez incondicional de esa vida. *Logos* es más profundo que lógica.

El psiquiatra que vaya más allá del concepto del suprasentido, más tarde o más temprano se sentirá desconcertado por sus pacientes, como me sentí yo cuando mi hija de 6 años me hizo esta pregunta:

"¿Por qué hablamos del buen Dios?" A lo que le contesté: "Hace unas semanas tenías sarampión y ahora el buen Dios te ha curado." Pero la niña no quedó muy contenta y replicó: "Muy bien, papá, pero no te olvides de que primero él me envió el sarampión."

No obstante, cuando un paciente tiene una creencia religiosa firmemente arraigada, no hay ninguna objeción en utilizar el efecto terapéutico de sus convicciones. Y, por consiguiente, reforzar sus recursos espirituales. Para ello, el psiquiatra ha de ponerse en el lugar del paciente. Y esto fue exactamente lo que hice, por ejemplo, una vez que me visitó un rabino de Europa oriental y me contó su historia. Había perdido a su mujer y a sus seis hijos en el campo de concentración de Auschwitz, muertos en la cámara de gas, y ahora le ocurría que su segunda mujer era estéril. Le hice observar que la vida no tiene como única finalidad la procreación, porque entonces la vida en sí misma carecería de finalidad, y algo que en sí mismo es insensato no puede hacerse sensato por el solo hecho de su perpetuación. Ahora bien, el rabino enjuició su difícil situación, como judío ortodoxo que era, aludiendo a la desesperación que le producía el hecho de que a su muerte no habría ningún hijo suyo para rezarle el *Kaddish*.[6]

Pero yo no me di por vencido e hice un nuevo intento por ayudarle, preguntándole si no tenía ninguna esperanza de ver a sus hijos de nuevo en el cielo. Mas la contestación a mi pregunta fueron sollozos y lágrimas, y entonces salió a la luz la verdadera razón de su desesperación: me explicó que sus hijos, al morir como mártires inocentes[7], ocuparían en el cielo los más altos lugares y él no podía ni soñar, como viejo pecador que era, con ser destinado a un puesto tan bueno. Yo no le contradije, pero repliqué: "¿No es concebible, rabino, que precisamente sea ésta la finalidad de que usted sobreviviera a su familia, que usted pueda haberse purificado a través de aquellos años de sufrimiento, de suerte que también usted, aun no siendo inocente como lo eran sus hijos, pueda llegar a ser igualmente digno de reunirse con ellos en el cielo? ¿No está escrito en los Salmos que Dios conserva todas nuestras lágrimas?[8] Y así tal vez ninguno de sus sufrimientos haya sido en vano." Por primera vez en muchos años y, al amparo de aquel nuevo punto de vista que tuve la oportunidad de presentarle, el rabino encontró alivio a sus sufrimientos.

---

6. Oración mortuoria.

7. L'*kiddush hashem*, es decir, por la santificación del nombre de Dios.

8. De mi peregrinar llevas tú cuenta: recoge mi pesar en tu redoma, ¿no se halla ya en tu libro? (Sal 56, 9).

La transitoriedad de la vida

A este tipo de cosas que parecen adquirir significado al margen de la vida humana pertenecen no ya sólo el sufrimiento, sino la muerte, no sólo la angustia sino el fin de ésta. Nunca me cansaré de decir que el único aspecto verdaderamente transitorio de la vida es lo que en ella hay de potencial y que en el momento en que se realiza, se hace realidad, se guarda y se entrega al pasado, de donde se rescata y se preserva de la transitoriedad. Porque nada del pasado está irrecuperablemente perdido, sino que todo se conserva irrevocablemente.

De suerte que la transitoriedad de nuestra existencia en modo alguno hace a ésta carente de significado, pero sí configura nuestra responsabilidad, ya que todo depende de que nosotros comprendamos que las posibilidades son esencialmente transitorias. El hombre elige constantemente de entre la gran masa de las posibilidades presentes, ¿a cuál de ellas hay que condenar a no ser y cuál de ellas debe realizarse? ¿Qué elección será una realización imperecedera, una "huella inmortal en la arena del tiempo"? En todo momento el hombre debe decidir, para bien o para mal, cuál será el monumento de su existencia.

Normalmente, desde luego, el hombre se fija únicamente en la rastrojera de lo transitorio y pasa por alto el fruto ya granado del pasado de donde, de una vez por todas, él recupera todas sus acciones, todos sus goces y sufrimientos. Nada puede deshacerse y nada puede volverse a hacer. Yo diría que *haber sido* es la forma más segura de ser.

La logoterapia, al tener en cuenta la transitoriedad esencial de la existencia humana, no es pesimista, sino activista. Dicho figurativamente podría expresarse así: el pesimista se parece a un hombre que observa con temor y tristeza como su almanaque, colgado en la pared y del que a diario arranca una hoja, a medida que transcurren los días se va reduciendo cada vez más. Mientras que la persona que ataca los problemas de la vida activamente es como un hombre que arranca sucesivamente las hojas del calendario de su vida y las va archivando cuidadosamente junto a los que le precedieron, después de haber escrito unas cuantas notas al dorso. Y así refleja con orgullo y goce toda la riqueza que contienen estas notas, a lo largo de la vida que ya ha vivido plenamente. ¿Qué puede importarle cuando advierte que se va volviendo viejo? ¿Tiene alguna razón para envidiar a la gente joven, o sentir nostalgia por su juventud perdida? ¿Por qué ha de envidiar a los jóvenes? ¿Por las posibilidades que tienen, por el futuro que les espera? "No, gracias", pensará. "En vez de posibilidades yo cuento con las realidades de mi pasado, no sólo la realidad del trabajo hecho y del amor amado, sino de los sufrimientos sufridos valientemente. Estos sufrimientos son precisamente las cosas de las que me siento más orgulloso aunque no inspiren envidia".

La logoterapia como técnica

No es posible tranquilizar un temor realista, como es el temor a la muerte, por vía de su interpretación psicodinámica; por otra parte, no se puede curar un temor neurótico, cual es la agorafobia, por ejemplo, mediante el conocimiento filosófico. Ahora bien, la logoterapia también ha ideado una técnica que trata estos casos. Para entender lo que sucede cuando se utiliza esta técnica, tomemos como punto de partida una condición que suele darse en los individuos neuróticos, a saber: la ansiedad anticipatoria. Es característico de ese temor el producir precisamente aquello que el paciente teme. Por ejemplo, una persona que teme ponerse colorada cuando entra en una gran sala y se encuentra con mucha gente, se ruborizará sin la menor duda. En este sentido podría extrapolarse el dicho: "el deseo es el padre del pensamiento" y afirmar que "el miedo es la madre del suceso".

Por irónico que parezca, de la misma forma que el miedo hace que suceda lo que uno teme, una intención obligada hace imposible lo que uno desea a la fuerza. Puede observarse esta intención excesiva, o "hiperintención" como yo la denomino, especialmente en los casos de neurosis sexuales. Cuanto más intenta un hombre demostrar su potencia sexual o una mujer su capacidad para sentir el orgasmo, menos posibilidades tienen de conseguirlo. El placer es, y debe continuar siéndolo, un efecto o producto secundario, y se destruye y malogra en la medida en que se le hace un fin en sí mismo.

Además de la intención excesiva, tal como acabamos de describirla, la atención excesiva o "hiperreflexión", como se la denomina en logoterapia, puede ser asimismo patógeno (es decir, producir enfermedad). El siguiente informe clínico ilustrará lo que quiero decir. Una joven acudió a mi consulta quejándose de ser frígida. La historia de su vida descubrió que en su niñez su padre había abusado de ella; sin embargo y, como fácilmente se evidenció, no fue esta experiencia, traumática en sí, la que eventualmente le había originado la neurosis sexual. Sucedía que tras haber leído trabajos de divulgación sobre psicoanálisis, la paciente había vivido todo el tiempo con la temerosa expectativa de la desgracia que su traumática experiencia le acarrearía en su día. Esta ansiedad anticipatoria se resolvía tanto en una excesiva intencionalidad para confirmar su femineidad como en una excesiva atención que se centraba en sí misma y no en su compañero. Todo lo cual era más que suficiente para incapacitarla y privarle de la experiencia del placer sexual, ya que en ella el orgasmo era tanto un objeto de la atención como de la intención, en vez de ser un efecto no intencionado de la devoción no reflexiva hacia el compañero. Tras seguir un breve período de logoterapia, la atención e intención excesivas de la paciente sobre su capacidad para experimentar el orgasmo se hicieron "de-reflexivas" (y con ello introducimos otro término de la logoterapia). Cuando recodificó su atención enfocándola hacia el objeto apropiado, es decir, el compañero, el orgasmo se produjo espontáneamente[9].

Pues bien, la logoterapia basa su técnica denominada de la "intención paradójica" en la dualidad de que, por una parte el miedo hace que se produzca lo que se teme y, por otra, la hiperintención estorba lo que se desea[10]. Por la intención paradójica, se invita al paciente fóbico a que intente hacer precisamente aquello que teme, aunque sea sólo por un momento.

Recordaré un caso. Un joven médico vino a consultarme sobre su temor a transpirar. Siempre que esperaba que se produjera la transpiración, la ansiedad anticipatoria era suficiente para precipitar una sudoración. A fin de cortar este proceso tautológico, aconsejé al paciente que en el caso de que ocurriera la sudoración, decidiera deliberada-

9. Para tratar los casos de impotencia sexual, la logoterapia ha desarrollado una técnica específica basada en su teoría de la "hiperintención" y la "hiperreflexión" como se apunta en el texto (Viktor E. Frankl, *The pleasure principle and sexual neurosis*, "The International Journal of Sexology", vol. 5, n.º 3, pp. 128-30 (1952). Claro está que en esta breve presentación de los principios de la logoterapia no podemos exponerla.

10. Lo describí en alemán en 1939 (Viktor E. Frankl, *Zur medikamentösen Unterstürzung der Psychotherapie bei Neurosen*, "Schweizer Archiv für Neurologie und Psychiatrie", vol. 43, pp. 26-31).

mente mostrar a la gente cuánto era capaz de sudar. Una semana más tarde me informó de que cada vez que se encontraba a alguien que antes hubiera desencadenado su ansiedad anticipatoria, se decía para sus adentros: "Antes sólo sudaba un litro, pero ahora voy a sudar por lo menos diez." El resultado fue que, tras haber sufrido por su fobia durante años, ahora era capaz, con una sola sesión, de verse permanentemente libre de ella en una semana.

El lector advertirá que este procedimiento consiste en darle la vuelta a la actitud del paciente en la medida en que su temor se ve reemplazado por un deseo paradójico. Mediante este tratamiento, el viento se aleja de las velas de la ansiedad.

Ahora bien, este procedimiento debe hacer uso de la capacidad específicamente humana para el desprendimiento de uno mismo, inherente al sentido del humor. Esta capacidad básica para desprenderse de uno mismo se pone de manifiesto siempre que se aplica la técnica logoterapéutica denominada "intención paradójica". Al mismo tiempo se capacita al paciente para apartarse de su propia neurosis. *Gordon W. Allport* escribe[11]: "El neurótico que aprende a reírse de sí mismo puede estar en el camino de gobernarse a sí mismo, tal vez de curarse." La intención paradójica es la constatación empírica y la aplicación clínica de la afirmación de Allport.

Los informes de unos pocos casos más pueden servir para explicar mejor este método. El paciente que cito a continuación era un contable que había sido tratado por varios doctores en distintas clínicas sin obtener ningún avance terapéutico. Cuando llegó a verme estaba en el límite de la desesperación y reconocía que estaba a punto de suicidarse. Durante varios años venía padeciendo el calambre de los escribientes, que últimamente era tan agudo que corría grave peligro de perder su empleo. De modo que una situación tal sólo podía aliviarse por una terapia breve e inmediata. Para iniciar el tratamiento, mi ayudante recomendó al paciente que hiciera justamente lo contrario de lo que venía haciendo; es decir, en vez de tratar de escribir con la mayor claridad y pulcritud posibles, que escribiera con los peores garabatos. Se le aconsejó que se dijera para sus adentros: "Bueno, ahora voy a mostrar a toda esa gente lo buen chupatintas que soy." Y en el mo-

11. Gordon W. Allport, *The Individual and His Religion*, The Macmillan Company, Nueva York 1956, pág. 92.

mento en que deliberadamente trató de garrapatear, le fue imposible hacerlo. "Intenté hacer garabatos, pero no pude, así de sencillo", nos contó al día siguiente. En 48 horas el paciente pudo, de este modo, liberarse de su calambre de escribiente y así continuó durante el período de observación después del tratamiento. Hoy es un hombre feliz y puede trabajar a pleno rendimiento.

Un caso similar referente al habla y no a la escritura me contó mi colega en el Departamento de Laringología del Hospital Policlínico. Era el caso más serio de tartamudeo que él había encontrado en muchos años de práctica de la medicina. Nunca en su vida, hasta donde el tartamudo podía recordar, se había visto libre de esta dificultad para hablar, ni por un momento, excepto una vez. Ello sucedió cuando tenía 12 años y se había subido detrás de un coche de la calle para hacerse llevar. Cuando el conductor le agarró pensó que la única forma de escapar era atraerse su simpatía, por lo cual trató de demostrarle que era un pobre muchacho tartamudo. Desde el momento en que intentó tartamudear fue incapaz de conseguirlo. Sin darse cuenta, había practicado la intención paradójica, si bien no con propósitos terapéuticos.

Sin embargo, esta presentación no debería dar la impresión de que la intención paradójica sólo es eficaz en los casos monosintomáticos. Mediante esta técnica logoterapéutica mis compañeros del Hospital Policlínico de Viena han conseguido curar incluso neurosis de carácter obsesivo-compulsivo en los grados más altos y más pertinaces. Hago referencia, por ejemplo, a una mujer de 65 años que durante 60 años venía padeciendo una obsesión de limpieza tan seria que yo creía que el único procedimiento para curarla era practicarle una lobotomía. No obstante, mi ayudante empezó el tratamiento logoterapéutico con la técnica de la intención paradójica y dos meses más tarde la paciente podía llevar una vida normal. Antes de admitirla en la clínica nos había confesado: "La vida es un infierno para mí". Disminuida por su compulsión y por su obsesión bacteriofóbica, al final había tenido que quedarse en la cama todo el día incapaz de realizar ninguna tarea doméstica. No sería exacto afirmar que hoy está totalmente libre de sus síntomas, ya que siempre puede venirle a la mente alguna obsesión, pero sí es capaz de "reírse de ella", como dice; en una palabra, de aplicar la intención paradójica.

La intención paradójica también puede aplicarse en casos de trastornos del sueño. El temor al insomnio[12] da por resultado una hiperintención de quedarse dormido que, a su vez, incapacita al paciente para conseguirlo. Para vencer este temor especial, yo suelo aconsejar al paciente que no intente dormir, sino por el contrario que haga lo opuesto, es decir, permanecer despierto cuanto sea posible. En otras palabras, la hiperintención de quedarse dormido, nacida de la ansiedad anticipatoria de no poder conseguirlo, debe reemplazarse por la intención paradójica de no quedarse dormido, que pronto se verá seguida por el sueño.

La intención paradójica no es una panacea, pero sí un instrumento útil en el tratamiento de las situaciones obsesivas, compulsivas y fóbicas, especialmente en los casos en que subyace la ansiedad anticipatoria. Además, es un artilugio terapéutico de efectos a corto plazo, de lo cual no debiera, sin embargo, concluirse que la terapia a corto plazo tenga sólo efectos terapéuticos temporales. Una de las "ilusiones más comunes de la ortodoxia freudiana" escribía el desaparecido Emil A. Gutheil[13] "es que la durabilidad de los resultados se corresponde con la duración de la terapia". Entre mis casos tengo, por ejemplo, el informe de un paciente a quien se administró la intención paradójica hace más de veinte años y su efecto terapéutico ha probado ser permanente.

Otro hecho, digno de tener en cuenta, es que la intención paradójica es efectiva cualquiera que sea la etiología del caso en cuestión. Lo que confirma un planteamiento de Edith Weisskopf-Joelson[14]: "Si bien la terapia tradicional ha insistido en que las prácticas terapéuticas deben fundamentarse en bases etiológicas, es muy posible que determinados factores puedan ser causa de neurosis durante la niñez más temprana, y que factores totalmente diferentes puedan curar las neurosis en la edad adulta."

Muy a menudo hemos visto cómo las causas de las neurosis, es decir, los complejos, conflictos y traumas son a veces los síntomas de las neurosis y no sus causas. El arrecife que se hace visible con la ma-

12). El temor al insomnio se debe, en la mayoría de los casos al desconocimiento que el paciente tiene de que el organismo se ofrece a sí mismo la mínima cantidad de sueño que de verdad necesita.

13. Emil A. Gutheil, "American Journal of Psychotherapy", vol. 10, pág. 134 (1956).

14. Edith Weisskopf-Joelson, *Some Comments on a Viennese School of Psychiatry*, "The Journal of Abnormal and Social Psychology," vol. 51. pp. 701-703 (1955).

rea baja no es la causa de la marea baja, claro está, es la marea baja lo que hace que el arrecife se muestre. Ahora bien, ¿qué es la *melancolía* sino una especie de marea baja anormal? y otra vez en este caso los sentimientos de culpa que aparecen de manera típica en las "depresiones endógenas" (no confundirlas con las depresiones neuróticas) no son la causa de esta modalidad especial de la depresión. La verdad es todo lo contrario, puesto que esta marea baja emocional hace aparecer en la superficie consciente los sentimientos de culpa; se limita únicamente a sacarlos a la luz.

En cuanto a la verdadera causa de las neurosis, aparte de sus elementos constitutivos, ya sean de naturaleza psíquica o somática, parece que los mecanismos retroactivos del tipo de la ansiedad anticipatoria son un importante factor patógeno. A un síntoma dado le responde una fobia; la fobia desencadena el síntoma y éste, a su vez, refuerza la fobia. Ahora bien, en los casos obsesivos-compulsivos se puede observar una cadena similar de acontecimientos, en los que el paciente lucha contra las ideas que le acosan[15]. Con ello, sin embargo, aumenta el poder de aquéllas para molestarle, puesto que la presión precipita la contrapresión. ¡Y otra vez más el síntoma se refuerza! Por otra parte, tan pronto como el paciente deja de luchar contra sus obsesiones y en vez de ello intenta ridiculizarlas, tratándolas con ironía, al aplicarles la intención paradójica, *se rompe el círculo vicioso,* el síntoma se debilita y finalmente se atrofia. En el caso afortunado que no se haya producido un vacío existencial que invite y atraiga al síntoma, el paciente no sólo conseguirá ridiculizar su temor neurótico, sino que al final logrará ignorarlo por completo.

Como vemos, la ansiedad anticipatoria debe contraatacarse con la intención paradójica; la hiperintención, al igual que la hiperreflexión deben combatirse con la "de-reflexión"; ahora bien, ésta no es posible, finalmente, si no es mediante un cambio en la orientación del paciente hacia su vocación específica y su misión en la vida[16].

15. Ello suele ser motivado por el temor del paciente a que sus obsesiones indiquen una psicosis inminente o incluso real; el paciente desconoce el hecho empírico de que la neurosis obsesiva-compulsiva le inmuniza contra la psicosis formal, en vez de encaminarle en dicha dirección.

16. Esta convicción la comparte Allport cuando dice: "Al igual que el foco de los cambios que compiten desde el conflicto a las metas no egoístas, la vida en conjunto se fortalece aunque las neurosis no desaparezcan nunca por completo" (op. cit. pág. 95)

No es el ensimismamiento del neurótico, ya sea de conmiseración o de desprecio, lo que puede romper la formación del círculo; la clave para curarse está en la trascendencia de uno mismo.

La neurosis colectiva

Cada edad tiene su propia neurosis colectiva. Y cada edad precisa su propia psicoterapia para vencerla. El vacío existencial que es la neurosis masiva de nuestro tiempo puede descubrirse como una forma privada y personal de nihilismo, ya que el nihilismo puede definirse como la aseveración de que el ser carece de significación. Por lo que a la psicoterapia se refiere, no obstante, nunca podrá vencer este estado de cosas a escala masiva si no se mantiene libre del impacto y de la influencia de las tendencias contemporáneas de una filosofía nihilista; de otra manera representa un síntoma de la neurosis masiva, en vez de servir para su posible curación. La psicoterapia no sólo será reflejo de una filosofía nihilista, sino que asimismo, aun cuando sea involuntariamente y sin quererlo, transmitirá al paciente una caricatura del hombre y no su verdadera representación.

En primer lugar, existe un riesgo inherente al enseñar la teoría de la "nada" del hombre, es decir, la teoría de que el hombre no es sino el resultado de sus condiciones biológicas, sociológicas y psicológicas o el producto de la herencia y el medio ambiente. Esta concepción del hombre hace de él un robot, no un ser humano. El fatalismo neurótico se ve alentado y reforzado por una psicoterapia que niega al hombre su libertad.

Cierto, un ser humano es un ser finito, y su libertad está restringida. No se trata de liberarse de las condiciones, hablamos de la libertad de tomar una postura ante esas condiciones. Como ya indiqué en una ocasión (*Value Dimensions in Teaching,* una película en color para la televisión, producida por Hollywood Animators, Inc., para la California Junior College Association): tengo el pelo gris; soy responsable de no ir al peluquero a que me lo tiña, como hacen bastantes señoras. De manera que, tratándose del color del pelo, todo el mundo tiene un cierto grado de libertad.

Crítica al pandeterminismo

Se culpa con frecuencia al psicoanálisis de lo que se llama pansexualismo. Yo, por mi parte, dudo de que tal reproche haya sido alguna vez legítimo. Ahora bien, sí hay algo que a mí me parece todavía una presunción más errónea y peligrosa, a saber, lo que yo llamaría "pandeterminismo". Con lo cual quiero significar el punto de vista de un hombre que desdeña su capacidad para asumir una postura ante las situaciones, cualesquiera que éstas sean. El hombre *no* está totalmente condicionado y determinado; él es quien determina si ha de entregarse a las situaciones o hacer frente a ellas. En otras palabras, el hombre en última instancia se determina a sí mismo. El hombre no se limita a existir, sino que siempre decide cuál será su existencia y lo que será al minuto siguiente.

Análogamente, todo ser humano tiene la libertad de cambiar en cada instante. Por consiguiente, podemos predecir su futuro sólo dentro del amplio marco de la encuesta estadística que se refiere a todo un grupo; la personalidad individual, no obstante, sigue siendo impredecible. Las bases de toda predicción vendrán representadas por las condiciones biológicas, psicológicas o sociológicas. No obstante, uno de los rasgos principales de la existencia humana es la capacidad para elevarse por encima de estas condiciones y trascenderlas. Análogamente, y en último término, el hombre se trasciende a sí mismo; el ser humano es un ser autotrascendente.

Permítaseme citar el caso del Dr. J. Es el único hombre que he encontrado en toda mi vida a quien me atrevería a calificar de mefistofélico, un ser diabólico. En aquel tiempo solía denominársele "el asesino de masas de Steinhof", nombre del gran manicomio de Viena. Cuando los nazis iniciaron su programa de eutanasia, tuvo en su mano todos los resortes y fue tan fanático en la tarea que se le asignó, que hizo todo lo posible para que no se escapara ningún psicótico de ir a la cámara de gas. Acabada la guerra, cuando regresé a Viena, pregunté lo que había sido del Dr. J. "Los rusos lo mantenían preso en una de las celdas de reclusión de Steinhof", me dijeron. "Al día siguiente, sin embargo, la puerta de su celda apareció abierta y no se volvió a ver más al Dr. J.". Posteriormente, me convencí de que, como a muchos otros, sus camaradas le habían ayudado a escapar y estaría camino de

Sudamérica. Más recientemente, sin embargo, vino a mi consulta un austríaco que anteriormente fuera diplomático y que había estado preso tras el telón de acero muchos años, primero en Siberia y después en la famosa prisión Lubianka en Moscú. Mientras yo hacía su examen neurológico, me preguntó, de pronto, si yo conocía al Dr. J. Al contestarle que sí, me replicó: "Yo le conocí en Lubianka. Allí murió, cuando tenía alrededor de los 40, de cáncer de vejiga. Pero antes de morir, sin embargo, era el mejor compañero que imaginarse pueda. A todos consolaba. Mantenía la más alta moral concebible. Era el mejor amigo que yo encontré en mis largos años de prisión."

Esta es la historia del Dr. J., el "asesino de masas de Steinhof" ¡Cómo predecir la conducta del hombre! Se pueden predecir los movimientos de una máquina, de un autómata; más aún, se puede incluso intentar predecir los mecanismos o "dinámicas" de la *psique* humana; pero el hombre es algo más que *psique*.

Aparentemente, el pandeterminismo es una enfermedad infecciosa que los educadores nos han inoculado; y esto es verdadero también para muchos adeptos a las religiones que aparentemente no se dan cuenta de que con ello sacan las bases más profundas de sus propias convicciones. Porque, o bien se reconoce la libertad decisoria del hombre a favor o contra Dios, o a favor o contra los hombres, o toda religión es un espejismo y toda educación una ilusión. Ambas presuponen la libertad, pues si no es así es que parten de un concepto erróneo.

La libertad, no obstante, no es la última palabra. La libertad sólo es una parte de la historia y la mitad de la verdad. La libertad no es más que el aspecto negativo de cualquier fenómeno, cuyo aspecto positivo es la responsabilidad. De hecho, la libertad corre el peligro de degenerar en nueva arbitrariedad a no ser que se viva con responsabilidad. Por eso *yo recomiendo que la estatua de la Libertad en la costa este de EE.UU. se complemente con la estatua de la Responsabilidad en la costa oeste.*

El credo psiquiátrico

Nada hay concebible que pueda condicionar al hombre de tal forma que le prive de la más mínima libertad. Por consiguiente, al neurótico y aun al psicótico les queda también un resto de libertad, por pequeño que sea. De hecho, la psicosis no roza siquiera el núcleo central de la personalidad del paciente. Recuerdo a un hombre de unos 60 años que me enviaron a causa de las alucinaciones auditivas que padecía desde hacía décadas. Tenía frente a mí a una personalidad totalmente derrumbada. Cuando pasaba por algún lugar, cuantos había en su derredor le tomaban por un idiota. Y sin embargo, ¡qué extraño encanto irradiaba aquel hombre! De niño había querido ser sacerdote, pero tuvo que contentarse con la única alegría que podía experimentar y que era cantar los domingos por la mañana en el coro de la iglesia. Pues bien, la hermana que le acompañaba nos informó de que, a veces, se ponía muy excitado; pero, en el último momento era capaz de dominarse. Me interesó sumamente la psicodinámica que acompañaba al caso, ya que pensé que el paciente tenía una fuerte fijación en su hermana; así que le pregunté como hacía para controlarse: "¿Por quién lo hace?" A continuación siguió una pausa de unos segundos y entonces el paciente contestó: "Lo hago por Dios." En ese momento, lo más profundo de su personalidad se hizo patente y en el fondo de aquella hondura se reveló una auténtica vida religiosa a pesar de la pobreza de su formación intelectual.

Un individuo psicótico incurable puede perder la utilidad del ser humano y conservar, sin embargo, su dignidad. Tal es mi credo psiquiátrico. Yo pienso que sin él no vale la pena ser un psiquiatra. ¿A santo de qué? ¿Sólo por consideración a una máquina cerebral dañada que no puede repararse? Si el paciente no fuera algo más, la eutanasia estaría plenamente justificada.

La psiquiatría rehumanizada

Durante mucho tiempo, de hecho durante medio siglo, la psiquiatría ha tratado de interpretar la mente humana como un simple mecanismo y, en consecuencia, la terapia de la enfermedad mental como una simple técnica. Me parece a mí que ese sueño ha tocado a su fin. Lo que ahora empezamos a vislumbrar en el horizonte no son los cuadros de una medicina psicologizada, sino de una psiquiatría humanizada.

Sin embargo, el médico que todavía quiera desempeñar su papel principal como técnico se verá obligado a confesar que él no ve en su paciente otra cosa que una máquina y no al ser humano que hay detrás de la enfermedad.

El ser humano no es una cosa más entre otras cosas; las *cosas* se determinan unas a las otras; pero el *hombre,* en última instancia, es su propio determinante. Lo que llegue a ser —dentro de los límites de sus facultades y de su entorno— lo tiene que hacer por sí mismo. En los campos de concentración, por ejemplo, en aquel laboratorio vivo, en aquel banco de pruebas, observábamos y éramos testigos de que algunos de nuestros camaradas actuaban como cerdos mientras que otros se comportaban como santos. El hombre tiene dentro de sí ambas potencias; de sus decisiones y no de sus condiciones depende cuál de ellas se manifieste.

Nuestra generación es realista, pues hemos llegado a saber lo que realmente es el hombre. Después de todo, el hombre es ese ser que ha inventado las cámaras de gas de Auschwitz, pero también es el ser que ha entrado en esas cámaras con la cabeza erguida y el Padrenuestro o el *Shema Yisrael* en sus labios.

SELECCIÓN BIBLIOGRÁFICA SOBRE LOGOTERAPIA

Libros

BAZZI, TULLIO y FIZZOTTI, EUGENIO, *Guía de la logoterapia*, Herder, Barcelona 1989.

BULKA, REUVEN P., *The Quest for Ultimate Meaning. Principles and Applications of Logotherapy*, Philosophical Library, Nueva York 1979.

—, FABRY, JOSEPH B., and SAHAKIAN, WILLIAM S., *Logotherapy in Action.* Aronson, Nueva York 1977.

DIENELT, KARL, *Von der Psychoanalyse zur Logotherapie*, Ernst Reinhardt, Munich 1973.

FABRY, JOSEPH B., *La búsqueda de significado. La logoterapia aplicada a la vida*, Fondo de Cultura Económica, México 1977.

FIZZOTTI, EUGENIO, *De Freud a Frankl. Interrogantes sobre el vacío existencial*, Ediciones Universidad de Navarra, Pamplona (España) 1977.

FRANKL, VIKTOR E., *Psicoanálisis y existencialismo. De la psicoterapia a la logoterapia*, Fondo de Cultura Económica, México 1978.

—, *Um psychologo no campo de concentraçao*, Editorial Aster, Lisboa.

—, *La psicoterapia en la práctica médica*, Escuela, Buenos Aires [2]1966.

—, *La presencia ignorada de Dios. Psicoterapia y religión*, Herder, Barcelona [9]1994.

—, *O homen incondicionado*, Armenio Amado, Coimbra 1968.

—, *Teoría y terapia de las neurosis*, Herder, Barcelona 1992 (ampliada).

—, *La idea psicológica del hombre*, Ediciones Rialp, Madrid 1976.

—, *Fundamentos antropológicos de psicoterapia*, Zahar Editores, Río de Janeiro 1978.

—, *El hombre en busca de sentido*, Herder, Barcelona [17]1995.

—, *Ante el vacío existencial. Hacia una humanización de la psicoterapia*, Herder. Barcelona [7]1994.

—, *Trotzdem ja zum Leben sagen. Ein Psychologe erlebt das Konzentrationslager*. Kösel-Verlag, Munich 1978.

—, *La voluntad de sentido*, Herder, Barcelona [3]1994.

—, *El hombre doliente. Fundamentos antropológicos de la psicoterapia*, Herder, Barcelona [3]1994.

—, *La psicoterapia al alcance de todos*, Herder, Barcelona [6]1995.

—, *Der Mensch vor der Frage nach dem Sinn*, Piper, Munich 1980.

—, *Psychotherapy and Existentialism*, Simon and Schuster, Nueva York 1978.

—, *Logoterapia y análisis existencial*, Herder, Barcelona [2]1994.

129

—, *The Will to Meaning. Foundations and Applications of Logotherapy*, New American Library, Nueva York 1978.

—, *The Unheard Cry for Meaning. Psychotherapy and Humanism*, Simon and Schuster, Nueva York 1978.

LESLIE, ROBERT C., *Jesus and Logotherapy*, Abingdon Press, Nueva York 1965.

TAKASHIMA, HIROSHI, *Psychosomatic Medicine and Logotherapy*, Gabor Science Publications, Oceanside, Nueva York 1977.

TWEEDIE, DONALD F., *Logotherapy and the Christian Faith*, Baker Book House, Grand Rapids, Michigan 1972.

Capítulos de libros

ASCHER, L. MICHAEL, "Paradoxical Intention. An Experimental Investigation" en *Handbook of Behavioral Interventions*, John Filey, Nueva York 1978.

BAZZI, TULLIO, "Consideraciones acerca de las limitaciones y las contraindicaciones de la logoterapia", en *IV Congreso Internacional de Psicoterapia*, Editorial Scientia, Barcelona 1958.

DIENELT, KARL, "El análisis existencial de V. E. Frankl como explicación de la existencialidad personal", en *Antropología pedagógica*, Aguilar, Madrid 1979.

FRANKL, VIKTOR E., "Análisis existencial y logoterapia", en *IV Congreso Internacional de Psicoterapia*, Editorial Scientia, Barcelona 1958.

—, "Logoterapia y religión", en *Psicoterapia y experiencia religiosa*, Ediciones Sígueme, Salamanca 1967.

—, "Reductionism and Nihilism", en *Beyond Reductionism*, Arthur Koestler (ed.), Macmillan, Nueva York 1970.

—, *Die Sinnfrage in der Psychotherapie*, en *Suche nach Sinn*, Styria, Graz (Austria) 1978.

—, "Der Mensch vor der Frage nach dem Sinn. Empirische und klinische Befunde", en *Glaube und Wissen*, Herder, Viena 1980.

KEPPE, NORBERTO R., "Logoterapia", en *A medicina da almo*, Hemus, Sao Paulo 1967.

MIRA y LÓPEZ, EMILIO, "La psicoterapia existencial de Frankl", en *Psiquiatría*, Librería El Ateneo, Buenos Aires 1955.

—, "La logoterapia de V. Frankl", en *Doctrinas psicoanalíticas*, Editorial Kapelusz, Buenos Aires 1963.

Artículos periodísticos

ASCHER, L. MICHAEL, *Employing Paradoxical Intention in the Behavioral Treatment*, "Scandinavian Journal of Behavior Therapy", 6 (1977) 28.

—, and JAY S. EFRAN, *Use of Paradoxical Intention in a Behavior Program*, "Journal of Consulting and Clinical Psychology" (1978) 747.

—, and Ralph, M. Turner, *Paradoxical intention and insomnia: an experimental investigation*, Behav Res. & Therapy 17.

BROGGI i GUERRA, FRANCESC: *El concepte de naturalesa humana segons l'anà-lisi existencial de Frankl,* en "Annals de Medicina" 65 (1979) 641.

—, *El análisis existencial y la logoterapia de Frankl (La tercera escuela vie-nesa de Psicología),* "El Correo Catalán", 14 y 21 de octubre de 1979.

FABRY, JOSEPH B., *Aspects and Prospects of Logotherapy: A Dialogue with Viktor Frankl,* "The International Forum for Logotherapy", 1 (1978) 3.

FRANKL, VIKTOR E., *Dimensiones del existir humano,* "Diálogo", 1 (1954) 53.

—, *Logos y existencia en psicoterapia,* "Revista de psiquiatría y psicología mé-dica de Europa y América Latina", 2 (1955) 153.

—, *Análisis existencial y logoterapia,* "Revista de psiquiatría y psicología médica de Europa y América Latina", 4 (1959) 42.

—, *Reintegración de la psicoterapia a la medicina,* "Panorama médico", enero de 1963, 6.

—, *Problemas de actualidad en psicoterapia,* "Psicología Industrial", 5 (1965) 13.

—, *Labirintos do pensamento psicoterapéutico,* "Humboldt. Revista para o mundo luso-brasileiro", 6 (1966) 81.

—, *Dar un sentido a la vida,* "La actualidad española", 21 de noviembre de 1968.

—, *A logoterapia e o seu emprego clinico,* "Servicio bibliográfico Roche", 38 (1970) 29.

—, *La logoterapia y su uso clínico,* "Servicio bibliográfico Roche", 38 (1970) 53.

—, *O vazio existencial,* "Servicio bibliográfico Roche", 41 (1973) 9 y 13.

—, *El sentimiento de la falta de sentido: un desafío a la psicoterapia,* "Socie-dad Argentina Asesora en Salud Mental" (1974) 22.

—, *Psiquiatría y voluntad de significado,* "Istmo (Revista Cultural)", Número 82 (septiembre-octubre 1972), 5.

—, *Neurosis y sentido de la vida,* "Istmo (Revista del Pensamiento Actual)", Número 107 (noviembre-diciembre 1976), 5.

—, *Determinismo y humanismo,* "Psychologica (Revista Argentina de Psicolo-gía Realista)", n.º 2 (enero-junio 1979), 25-35.

IDOATE, FLORENTINO, *El análisis existencial de Viktor E. Frankl,* "Revista de Filosofía de la Universidad de Costa Rica", 2 (1960) 363.

KEPPE, NORBERTO R., *Analise existencial - Logoterapia,* "Arquivos" (Univer-sidad de Sao Paulo), 1, 23.

MESEGUER, PEDRO, *El análisis existencial y la logoterapia de Viktor Frankl,* "Razón y Fe" (1952) 582.

MUSSO, VANNI, *Terceira Escola Viennese,* "Folha de Tarde", 1 de marzo de 1974, 4.

PAVIA, MARÍA TERESA, *La amistad (Comparación entre Aristóteles y Frankl),* "Istmo (Revista del Pensamiento Actual)", Número 107 (noviembre-diciem-bre 1976), 58.

PELEGRINA, HECTOR E., *Viktor Frankl en la Universidad de Navarra,* "Actas Luso-Españolas de Neurología y Psiquiatría", 27 (1968) 76.

POPIELSKI, KAZIMIERZ, *Karol Wojtyla and Logotherapy,* "The International Forum for Logotherapy" 1 (1980) 36.

131

Selección bibliográfica sobre logoterapia

SARDI, RICARDO JOAQUÍN, *Viktor Frankl. Una vida dedicada a la búsqueda de un sentido,* "Mendoza" (19 de marzo de 1980) 6.
SOLYOM, "Comprehensive Psychiatry", 13 (1972) 291.

Películas y cintas magnetofónicas

FRANKL, VIKTOR E., *Logotherapy,* una película producida por University of Oklahoma Medical School, Department of Psychiatry, Neurology and Behavioral Sciences.
—, *Frankl and the Search for Meaning,* una película producida por Psychological Films, 110 North Wheeler Street, Orange, California 92669.
—, *Youth in Search of Meaning,* cinta magnetofónica producida por Word Cassette Library, 4800 West Waco Drive, Waco, Texas 76703.
—, *Therapy through Meaning,* cinta magnetofónica producida por Psychotherapy Tape Library, (T 656), Post Gradduate Center, 124 East 28th Stret, Nueva York, N.Y. 10016. $ 15.00.
—, *Existential Psychotherapy,* two cassettes.The Center for Cassette studies, 8110 Webb Avenue, North Hollywood, California 91605.
—, *The Defiant Power of the Human Spirit: A Message of Meaning in a Chaotic World.* $ 6.00. The Institute of Logotherapy, One Lawson Road, Berkeley, California 94707.
—, JOSEPH FABRY, MARY ANN FINCH and ROBERT C. LESLIE, *A Conversation with Viktor E. Frankl on Occasion of the Inauguration of the "Frankl Library and Memorabilia."* The Graduate Theological Union. 1798 Scenic Avenue, Berkeley, California 94709.

LIBROS RECOMENDADOS

- La Biblia de Israel: Torah Pentateuco: Hebreo - Español : Libro de Bereshít - Génesis

- Y La Biblia Tenia Razon, Werner Keller

- Libro de Rezos B'nei Noaj

- Una Vida Saludable: Principios practicos basados en la Torah y el Talmud

- El Hombre Mas Feliz de Jerusalem

- Ramban: La Disputa de Barcelona

- Maimonides: Leyes de Los Fundamentos de La Tora

- Los Codigos Ocultos de La Biblia

- Una Condensación del Libro:Maimonides, MISHNE TORAH

CPSIA information can be obtained
at www.ICGtesting.com
Printed in the USA
BVHW010042190719
553682BV00049B/1508/P